O mistério da vontade de Deus

Jansolera
Julho
2009

O mistério da vontade de Deus

CHARLES R. SWINDOLL

Traduzido por:

Emirson Justino

Editora Mundo Cristão
São Paulo

O MISTÉRIO DA VONTADE DE DEUS
Categoria: Espiritualidade/Vida cristã

Publicado originalmente por Word Publishing, uma divisão da Thomas Nelson.

Gerência de produção editorial: Sidney Leite
Preparação de texto: Tereza Gouveia
Revisão: Silvia Justino
Capa: Valdir Guerra

Apoio e colaboração: Tyndale House Publishers

Os textos das referências bíblicas foram extraídos da versão Almeida Revista e Atualizada, 2ª ed. (Sociedade Bíblica do Brasil), salvo indicação específica.

Dados Internacionais de Catalogação na Publicação (CIP)
(Câmara Brasileira do Livro, SP, Brasil)

Swindoll, Charles R.

O mistério da vontade de Deus / Charles R. Swindoll; tradução de Emirson Justino. — São Paulo: Mundo Cristão, 2001.

Título original: The mystery of God's will.
ISBN 85-7325-266-9

1. Deus — Amor 2. Deus — Vontade 3. Vida cristã I. Título

01-4653 CDD-231.4

Índice para catálogo sistemático:
1. Deus: Vontade: Doutrina cristã 231.4

Publicado no Brasil com a devida autorização e com todos os direitos reservados pela:
Associação Religiosa Editora Mundo Cristão
Rua Antônio Carlos Tacconi, 79, São Paulo, SP, Brasil, CEP 04810-020
Telefone: (11) 2127-4147 — Home page: www.mundocristao.com.br

Editora associada a:
- Associação de Editores Cristãos
- Câmara Brasileira do Livro
- Evangelical Christian Publishers Association

A 1ª edição brasileira foi publicada em dezembro de 2001.

Impresso no Brasil

10 9 8 7 6 5 4 3 2 07 08 09 10 11 12 13 14

DEDICATÓRIA

Estes últimos anos, para mim e para minha esposa, têm sido marcados por momentos de incerteza e mistério.

Em muitos aspectos, Deus tem sido quase um paradoxo em nossa caminhada em busca de sua vontade e de obediência a sua Palavra.

Em alguns momentos ele tem estado tão próximo de nós que quase podemos ouvir o som das asas dos anjos enquanto se curvam diante de seu trono... mas, em outros momentos, ele parece estar tão distante que nos sentimos estranhamente confusos, como se estivéssemos abandonados.

Estas não são águas calmas para um casal cristão navegar, especialmente quando você sente que está caminhando sem respostas ou que não está recebendo apoio.

Dois casais têm sido muito significativos para nós nesses meses de introspecção e turbulência:

David e Wendy Chavanne
e
Johnny e Casey Koons

Por causa do amor que eles nos demonstraram com sua amizade leal, palavras encorajadoras, atos compassivos de misericórdia e apoio intercessório, dedico este livro a eles de maneira agradecida e sincera.

SUMÁRIO

PARTE II: AS BÊNÇÃOS DA VONTADE DE DEUS

O pensamento mais profundo e honesto nada mais é senão o esforço da alma em manter a franca independência de seu mar, enquanto os impetuosos ventos do céu e da terra conspiram para lançá-la na traiçoeira e aprisionante costa.

Herman Melville, *Moby Dick*

INTRODUÇÃO

Muito da confusão que enfrentamos na vida tem origem em nossa falta de compreensão de Deus e de como ele executa sua obra inescrutável em nossas vidas. Nos últimos anos tenho lutado com muitas coisas que chamo de "mistérios" em minha vida. Em razão disso, cheguei a uma nova compreensão da vontade de Deus. No passado, sempre vi minha vida cristã – e até mesmo a vida como um todo – como uma questão de sair de um lugar e ir para outro... do ponto A para o ponto B. Hoje, creio que a vontade de Deus para nós nesta vida não é uma equação direta e objetiva, projetada para nos levar a um destino definido na terra, mas é a própria jornada. Não se trata da "missão" que temos de desempenhar no mundo, mas do que Deus significa em nossas vidas.

Nossa tendência humana é nos concentrarmos apenas em nosso chamado – aonde devemos ir, como devemos chegar lá e o que exatamente devemos fazer. A preocupação de Deus está no processo pelo qual ele nos conduz ao amadurecimento de modo a deixar-nos aptos a nos tornarmos mais semelhantes a seu Filho. Em outras palavras, todos nós – inclusive *você* – somos obras em andamento.

Pense nos homens e nas mulheres das Escrituras que receberam um chamado específico do Senhor, mas logo descobriram que cumprir aquele chamado ou chegar ao lugar onde serviriam era extremamente intrincado, às vezes surpreendente e, ocasionalmente, muito doloroso. Na verdade, em algumas ocasiões eles não chegaram "lá", ou pelo menos no lugar aonde esperavam chegar.

Abraão recebeu instruções para sacrificar seu filho Isaque. Esta era sua missão, passada a ele de modo claro e objetivo pelo Senhor. Vemos, porém, que Deus o estava testando, tendo outros planos em mente durante todo o processo. Surpresa para Abraão? Sim. Misterioso? Totalmente.

Davi fora ungido para tornar-se rei de Israel. Este foi o objetivo declarado. Samuel dissera isso. No entanto, num curto espaço de tempo, Davi tornou-se objeto da ira e do ciúme de Saul. E, por mais de doze anos, a pressão que Davi suportou chegou a tal ponto que ele deve ter pensado se chegaria a viver para ver sua própria coroação. Coisa inesperada para Davi? Com toda a certeza.

E que dizer do pobre Oséias? Que escândalo era sua vida. Mas era a vontade de Deus que ele se casasse com a adúltera Gômer, trazendo-a de volta para casa depois de todas as traições. Outro mistério... pelo menos de nosso ponto de vista.

Lá estava José, caluniado, maltratado e falsamente acusado. Como isso poderia ser a vontade de Deus para um de seus vasos escolhidos, aparentemente chamado por Deus para ser um grande líder? Bem, era.

Ou então considere João Batista, decapitado por um capricho da enteada de Herodes. Isso é que é mistério! Como poderia ser essa a vontade de Deus para alguém que ele amava tanto e que tinha usado tão poderosamente?

E Paulo? Depois de ser chamado tão claramente por Deus para ser o apóstolo dos gentios, sua vida nada mais foi do que continuamente pular da frigideira e cair no fogo. De que maneira a vontade de Deus operou na vida de Paulo para que ele atingisse os objetivos? Por meio da dor. Cheia de obstáculos. Impedimentos. Mistérios!

A lista poderia prosseguir indefinidamente caso nos propuséssemos a contar todos os misteriosos caminhos da vontade e da obra de Deus na vida de seu povo no decorrer dos séculos.

São esses misteriosos, surpreendentes e, sim, muitas vezes penosos aspectos da vontade de Deus que pretendo abordar nas páginas que se seguem. Por alguma razão, não encontro muitas coisas escritas sobre esse assunto. Encontro muito mais relatos de circunstâncias em que Deus leva seu povo clara e calmamente de um lugar para outro, com pouca luta e quase nenhuma dúvida. É rápido, simples e fácil... pelo menos foi o que me disseram.

Pelo fato de esta não ser minha experiência e porque raramente a encontro exemplificada nas Escrituras ou na vida das pessoas de hoje, parece-me apropriado reconhecer o lado misterioso, vago e perturbador da obediência. Não há vergonha em não ser capaz de explicar por que ou em admitir que os seguidores de Cristo freqüentemente se vêem perdidos em sua busca por lógica humana nos caminhos que Deus determinou que seguíssemos. Se não servir para mais nada, espero que este livro lhe permita confessar: "Isto está além de minha capacidade de compreensão. É um mistério".

Como todo livro escrito, este também não é um trabalho solo. Preciso agradecer a pelo menos três pessoas que trabalharam nos bastidores, prestando-me assistência.

Primeiramente, minha diligente e determinada amiga Judith Markham, cuja assistência editorial se provou, mais uma vez, inestimável.

Segundo, Mary Hollingsworth, que me ajudou a dar os ajustes finais no manuscrito definitivo... antes do prazo!

E, terceiro, Julie Meredith, que pesquisou todas as minhas citações, verificou a precisão das palavras e certificou-se das devidas permissões de modo eficiente e rápido.

Minha apreciação por essas senhoras capazes não tem limites. Em muitos aspectos, afirmo que você só está com este livro em mãos graças ao trabalho tão bem executado por elas.

Naturalmente, e como sempre, preciso agradecer a minha esposa, Cynthia, por seu encorajamento e apoio. Foi nossa misteriosa (e não raro *dolorosa*) jornada dos últimos anos que me levou a escrever sobre este assunto. Graciosamente ela ficou ao meu lado quando tínhamos uma grande confusão, algumas respostas e pouca força.

Chuck Swindoll

Parte I

A FORÇA DA VONTADE DE DEUS

Deus não vai inspecioná-lo em busca de medalhas, diplomas ou graduações, mas procurará cicatrizes.

Elbert Hubbard, *The Note Book*

É muito fácil lidar com a adversidade. Com a dos outros, especialmente.

Mark Twain, *Following the Equator*

O melhor talvez seja aquilo que menos entendemos.

C. S. Lewis, *A Grief Observed*

Uma das coisas mais perturbadoras daquilo que chamamos eternidade é olhar para ela e sabermos menos sobre o que está *lá* do que sobre o que está *aqui*.

Byron, *Don Juan*

As pessoas querem estar estabelecidas. Porém, só existe esperança para elas enquanto não estiverem estabelecidas.

Emerson, *Essays: First Series*

1

Um processo e um quebra-cabeça

Em meados de julho de 1999, a bandeira da tristeza foi hasteada a meio pau no coração americano. Outra tragédia. Mais uma pessoa da longa lista de nomes familiares do famoso clã Kennedy experimentara a morte mais cedo do que qualquer pessoa imaginaria... e de um modo que a maioria de nós jamais poderia prever.

Ironicamente, essa aconteceu a apenas 13 km de distância da mesma costa da mesma calma ilha de veraneio onde o pequeno John brincava quando criança. Será que a tristeza nunca se apartará desta família abatida pela dor de trágicos acontecimentos? A lista é uma litania de tragédias e surpresas, lida como um livro de lamentações dos dias atuais. Assassinatos horríveis, mortes repentinas, escândalos sexuais, doenças trágicas e mortais e, agora, uma desesperada busca no mar pelos restos de três vidas que chegaram ao fim de um modo tão trágico como poucos imaginariam. Algumas pessoas sugeriram que isto é uma espécie de "maldição" que os assombra. O certo é que existem diversas perguntas não respondidas que pairam sobre os Kennedy.

Independente de como eu e você nos posicionamos em termos políticos, éticos e morais – ainda que concordemos ou não com suas vidas e seu modo de viver –, todos nós ficamos com aquela pergunta dando volta na mente: *Por quê?* Vemo-nos pensando quanto tempo essa praga, caso se trate realmente disso, ainda ficará rondando aquela família, e quem será o próximo. É um mistério.

Mesmo como cristãos, que cremos firmemente num Deus conciliador e compassivo, naquele que "tem cuidado de vós", não podemos negar a realidade de que muito do que ele faz e muitas das razões por que ele o faz se encaixam naquela categoria, pelo menos de nosso ponto de vista. Não se trata apenas do mistério de uma família: todos nós vivemos com mistérios, não apenas os ricos e famosos. Os mistérios nos cercam por toda a vida. Não só o saudável e o bem-disposto, mas também o doente, o deficiente e o moribundo. O jovem e o velho. O piedoso e o ímpio.

É hora de abrir o jogo: encarar a vida como um dilema com mais freqüência do que gostaríamos. Perguntas profundas e perturbadoras superam muito o número de respostas absolutas e herméticas, ainda que amemos ao Senhor e estejamos comprometidos com seus planos. Mesmo que obedeçamos a sua Palavra e busquemos sua vontade. Se formos honestos o suficiente para admitir, há dias – não, a contagem chega a meses – em que simplesmente não conseguimos entender o que Deus está prestes a fazer.

Quanto mais vivo, mais me convenço de que um dos assuntos mais profundos da vida cristã é a vontade de Deus. Quanto mais escavamos, mais percebemos quão pouco sabemos. Quando paramos e pensamos profundamente em como Deus nos guia, chegamos à conclusão de que este é um dos temas mais misteriosos da vida espiritual. No entanto observei que usamos expressões como "é a vontade de Deus" ou "esperamos que Deus cumpra seu querer nesta questão" de modo muito pouco sincero.

Alguém já disse que adquirir cultura significa sair da inconsciência para a consciência de nossa própria ignorância. Quando fazemos um estudo sério sobre a vontade de Deus, saímos da inconsciência para um estado de consciência de quão misteriosamente ele nos conduz. Talvez isso explique por que nossa caminhada com o Senhor seja muitas vezes inconsistente e por que ela é, às vezes, mais uma luta do que um alívio. Vamos encarar a questão: grande parte de seu plano não faz sentido... pelo menos para nós.

Muito da compreensão disso está ligado à vontade – não a de Deus, mas a nossa. Com certeza eu sei que, no fundo de meu coração, nem sempre estou realmente desejoso de fazer a vontade de Deus.

Nós dizemos que estamos, é claro. Se nos pedem para responder positiva ou negativamente, todos nós dizemos "sim, eu quero saber sua vontade". Mas *fazer* a vontade de Deus é completamente diferente, pois, quase sem exceção, isso envolve riscos, ajustes e mudanças. Não gostamos dessas coisas. Só usar essas palavras nos provoca arrepios. Amamos tudo o que nos é familiar. Gostamos do que é confortável. Amamos aquilo que podemos controlar – algo ao redor do qual podemos colocar nossos braços.

No entanto, quanto mais perto caminhamos do Senhor, menos controle temos sobre nossas vidas, e maior é o número de coisas que precisamos conceder-lhe. Entregar a Deus nossos desejos e alinhá-los com seu querer exige renunciar ao que mais gostamos, ao que queremos ou ao que escolheríamos.

Assim, à medida que nos aprofundarmos no "estudo arqueológico" da vontade de Deus, reconheceremos que cavamos cientes de que tudo o que está dentro de nós às vezes resistirá a executar o que Deus deseja de nós.

UM QUEBRA-CABEÇA QUE NUNCA RESOLVEREMOS

O que é a vontade de Deus e o que não é? Como podemos saber qual é a vontade de Deus? É comum ou até mesmo possível não compreender a vontade de Deus? Como Deus revelava sua vontade nos tempos bíblicos? Ele continua usando o mesmo método para revelá-la hoje? Existem pré-requisitos para conhecer a vontade de Deus? É possível saber com certeza se estou fazendo a vontade de Deus? Se eu realmente estou dentro da vontade de Deus? Se é, de que modo? E se eu não estiver fazendo a vontade de Deus, como poderei saber? Alguma pessoa pode me ajudar a discernir a vontade de Deus? Serei sempre recompensado se cumprir a vontade de Deus?

Todas essas perguntas e muitas outras se colocam diante dos cristãos sinceros e preocupados, pelo menos uma vez na vida.

Às vezes brinco com as pessoas e lhes digo: "É mais fácil eu saber a vontade de Deus para a vida da minha *esposa* do que para a *minha própria vida*". A verdade é que quase sempre trabalhamos segundo esse princípio. Cremos que sabemos o que nosso cônjuge precisa fazer, ou nosso filho, nosso vizinho ou nosso amigo. O mais difícil, no entanto, é saber o que nós mesmos devemos fazer.

Quem pode nos ajudar a entender isso? Aqueles em quem confiamos ou de quem dependemos? Existem exemplos de pessoas que andaram segundo a vontade de Deus? E quanto ao oposto disso? Há exemplos de pessoas que fugiram da vontade de Deus? A vontade de Deus é sempre uma surpresa? Se é, por que Deus preferiria agir assim? Será que isso é justo?

Nas páginas seguintes quero atacar muitas dessas perguntas de uma maneira ou de outra. Todavia, antes de começarmos, preciso admitir uma coisa que, de certa forma, é uma retratação: *este assunto é inescrutável*. Por favor, leia essas quatro palavras novamente. Durante meus anos no seminário, um de meus mentores costumava dizer: "Um dos problemas de vocês, jovens teólogos, é tentar desvendar o inescrutável". Portanto, haverá momentos em que direi, sem reserva ou hesitação: "eu não sei a resposta". É um assunto profundo e insondável.

Embora recebamos bastante orientação e esclarecimento da Palavra de Deus, há muitas coisas que estão além da compreensão humana. Assim, determine agora mesmo que você não vai se deixar perturbar por essas coisas – mesmo que você seja um daqueles perfeccionistas que querem varrer todos os cantos e não deixar nenhuma parte do assunto abordado sem uma explicação convincente. Em se tratando deste tema, você nunca, jamais, em tempo algum conseguirá esse intento. Benjamin Disraeli define bem essa situação: "Ser consciente da própria ignorância é um grande passo em direção ao conhecimento".

Mas não acredite cegamente no que eu estou dizendo. Vamos aprender com as Escrituras. Dê uma olhada em Jó 9, quando Jó está respondendo a Bildade que, junto com Elifaz e Zofar, veio trazer um pouco de conforto ao amigo sofredor. Estou dizendo isso de modo irônico pois, na verdade, aqueles três foram para acusar Jó. Como o próprio Jó disse mais tarde, "todos vós sois consoladores molestos".

Se reservar um tempo para ler Jó 8, você verá como Bildade despeja uma carga de culpa ainda maior sobre Jó. Então, este responde em 9:1-12. Quase dá para imaginar Jó balançando os braços e chorando:

> Então, Jó respondeu e disse: Na verdade, sei que assim é; porque, como pode o homem ser justo para com Deus? Se quiser contender com ele, nem a uma de mil coisas lhe poderá responder. Ele é sábio de coração e grande em poder; quem porfiou com ele e teve paz? Ele é quem remove os montes, sem que saibam que ele na sua ira os transtorna; quem move a terra para fora do seu lugar, cujas colunas estremecem; quem fala ao sol, e este não sai, e sela as estrelas; quem sozinho estende os céus e anda sobre os altos do mar; quem fez a Ursa, o Orion, o Sete-Estrelo e as recâmaras do Sul; quem faz grandes coisas, que se não podem esquadrinhar, e maravilhas tais, que se não podem contar.
>
> Jó 9:1-10

Jó está maravilhado com o Criador que "move a terra para fora do seu lugar". Os habitantes da Califórnia sabem muito bem o que isso significa – esse sentimento perturbador de sentir a terra se movendo debaixo dos pés. Jó se refere àquele que "fala ao sol, e este não sai, e sela as estrelas".

Podemos acertar nossos relógios a partir destes luminares que Deus colocou em movimento desde o princípio. Ele faz "grandes coisas", diz Jó, que "se não podem esquadrinhar". Quando o assunto são as obras e os planos de Deus, nunca seremos capazes de dizer "finalmente, descobri! Entendi tudo!" – não até que cheguemos ao céu, quando conheceremos como somos conhecidos.

"O primeiro som que ouviremos saindo de todas as bocas quando chegarmos ao céu será um 'Ahhh!'," diz meu bom amigo Jay Kesler. "Agora eu entendo! Estou percebendo o porquê. Todas as coisas fazem sentido, agora que meus olhos estão diante deste enorme e, um dia, misterioso panorama de eventos."

Meu mentor, o falecido Ray Stedman, tinha uma idéia que nos ajuda muito nesta questão. Ainda posso me lembrar de ouvi-lo falar sobre a mudança da terra para o céu:

— Saímos da esfera extremamente restrita e limitada para este impressionante e completo panorama. Será muito bom.

Tudo terá cooperado para o bem, inclusive as tragédias, as calamidades, os terremotos, as doenças e as pestes, além daquilo que chamamos de mortes prematuras, as terríveis deformidades e defeitos e as doenças congênitas. Tudo será revelado e veremos que o plano de Deus estava certo. Mas não até que cheguemos lá. Esta é a idéia de Jó:

> [Ele é] quem faz grandes coisas, que se não podem esquadrinhar, e maravilhas tais, que se não podem contar. Eis que ele passa por mim, e não o vejo; segue perante mim, e não o percebo. Eis que arrebata a presa! Quem o pode impedir? Quem lhe dirá: Que fazes?
>
> Jó 9:10-12

Quem nunca se sentiu tentado a erguer o punho diante de Deus e clamar: "O que você está fazendo?". Um filho é seqüestrado e brutalmente assassinado. "Deus, o que o Senhor está fazendo conosco?". O marido sai no sábado pela manhã para ir à loja de ferragens e seu carro é abalroado por outro, dirigido por um motorista bêbado. Ele é retirado do convívio de sua família assim, num piscar de olhos. "Mas o que é que Deus estava fazendo?". Uma jovem mãe vai passar por uma cirurgia de rotina, complicações imprevistas acontecem e ela morre. "Deus, o que você está fazendo?". É inescrutável.

Por isso, não vale a pena procurar entender muitos fatos que já aconteceram. Não sou capaz de explicar o plano de Deus. A única coisa que posso fazer é mostrar, a partir das Escrituras, quão inescrutável ele é de fato. Isso é expresso de modo eloqüente pelo salmista no Salmo 139:1-3:

> Senhor, tu me sondas e me conheces. Sabes quando me assento e quando me levanto; de longe penetras os meus pensamentos. Esquadrinhas o meu andar e o meu deitar e conheces todos os meus caminhos.

Mesmo antes de eu ter um pensamento, tu o conheces. Tu sabes quando ele chega ao meu cérebro e o que dele resultará. Tu o conheces muito antes de eu mesmo cogitá-lo. Mas ainda temos a liberdade de conceber aquele pensamento e de agir daquela maneira. Isso é parte da natureza inescrutável de Deus. "De longe penetras os meus pensamentos. Conheces todos os meus caminhos".

Certa vez, como presente de natal, compramos para nossos filhos o que era chamado de "A Cidade das Formigas". Era um brinquedo feito de lâminas de plástico transparente que formavam uma espécie de caixa, cheia de areia e formigas. Do lado de fora, podíamos ver o que aquelas pequenas criaturas ocupadas faziam debaixo da terra. Ficávamos observando como elas construíam seus túneis, formando um labirinto de passagens.

De maneira similar, Deus esquadrinha nossos caminhos. A partir do ponto em que estamos, abrindo túneis, a única coisa que vemos é a areia imediatamente a nossa frente, atrás e ao lado. Mas do ponto de vista de Deus, ele pode ver exatamente onde estávamos e aonde estamos indo. "Esquadrinhas o meu andar e o meu deitar e conheces todos os meus caminhos."

Conheço Cynthia, minha esposa, muito bem, mas não estou intimamente ciente de *todos* os seus caminhos, muito embora estejamos casados há quase 45 anos. Embora eu possa conhecer minha esposa, meus filhos ou um amigo, nunca poderei conhecer *todos* os seus caminhos. Minha natureza finita me impede de alcançar esse nível de conhecimento.

Deus, porém, conhece cada um de nós individualmente. Ele conta todos os cabelos de nossas cabeças (o que é um desafio maior ou menor, dependendo da pessoa). As esperanças, as teimosias, os caminhos, as decisões, a indecisão, a motivação, as palavras que pensamos mas não dizemos... Ele sabe de tudo.

> Ainda a palavra me não chegou à língua, e tu, Senhor, já a conheces toda. Tu me cercas por trás e por diante e sobre mim pões a mão. Tal conhecimento é maravilhoso demais para mim: é sobremodo elevado, não o posso atingir.
>
> Salmo 139:4-6

"Eu posso ser teu filho", dizia Davi, "posso escrever tuas canções, Senhor, e posso até mesmo ser o rei do teu povo, mas, Senhor, os teus caminhos estão muito além de mim. Eles permanecem inescrutáveis para mim. Não posso entendê-los ou explicar aquilo que tu fazes. Tal conhecimento é muito elevado para mim. Não posso alcançá-lo. Não o posso atingir".

Como dois filhos de uma mesma família são capazes de seguir caminhos completamente diferentes? "É sobremodo elevado, não o posso atingir." Todos nós somos pecadores. Então por que um casal se separa em seis meses e outro completa bodas de diamante? Por que alguns indivíduos são chamados para servir em lugares insignificantes, obscuros e difíceis, enquanto outros servem em lugares pródigos, cercados de apoio e condições? Por quê, por quê e por quê? "É sobremodo elevado, não o posso atingir."

Portanto, vamos deixar uma coisa bem clara desde o início. Essas e muitas outras coisas nunca serão entendidas nesta vida. Apesar de toda a nossa busca e de todo o nosso estudo das Escrituras, nunca seremos capazes de ter uma visão clara e completa, de compreender, entender e responder plenamente todas essas questões. Elas estão além de nossa compreensão – um quebra-cabeça, um mistério.

Em seu livro *Keep a Quiet Heart*, Elisabeth Elliot diz: "O hoje é meu. O amanhã não é da minha conta. Se eu insistir em tentar olhar pelo nevoeiro do futuro, vou estragar meus olhos espirituais e isso impedirá que eu veja claramente o que é exigido de mim agora".[1]

Precisamos aceitar pela fé muitas das coisas que acontecem em nossa vida. As respostas simplesmente não serão dadas. Estas são as tensões da realidade e, se nos perdermos no meio das tensões, então não seremos capazes de prosseguir viagem. Nosso Pai Celestial planejou as coisas assim.

Quem é capaz de explicar os fatos ocorridos na escola Columbine em abril de 1999, na cidade de Littleton, Colorado? A tragédia está além de nossa compreensão – quatorze adolescentes e um professor foram mortos, a maioria deles cristãos. Como isso pôde acontecer? Por que um Deus amoroso, que cuida de nós e que é gracioso – que faz todas as coisas certas – *chega a permitir* que algo assim aconteça?

Em nossas mentes, nenhum desses fatos se enquadra em nossa compreensão de bondade e graça. E nem poderia.

Será que tudo isso era parte do plano de Deus? Seria possível que, na estranha maneira de revelar sua vontade, não tenhamos deixado espaço suficiente para a permissão que Deus dá ao mal? Jó perguntou a sua esposa o que eu agora lhe pergunto: "Temos recebido o bem de Deus e não receberíamos também o mal" (Jó 2:10)? *É um mistério...* baseado em como vemos as coisas, em como avaliamos a justiça e em como mensuramos a bondade.

Deus é o oleiro; nós, o barro. Ele é o Pastor; nós, as ovelhas. Ele é o Mestre; nós, os servos. Não importa quão letrados sejamos, nem quanto poder ou influência achamos que temos, nem quanto já andamos com ele, nem quão importantes possamos nos achar dentro de seus planos (se é que algum de nós pode achar que tem alguma importância). Nada disso nos qualifica a compreender uma partícula do porquê ele faz o que faz, quando faz e da forma como faz.

> Porque os meus pensamentos não são os vossos pensamentos, nem os vossos caminhos, os meus caminhos, diz o SENHOR, porque, assim como os céus são mais altos do que a terra, assim são os meus caminhos mais altos do que os vossos caminhos, e os meus pensamentos, mais altos do que os vossos pensamentos.
>
> Isaías 55:8,9

> Ó profundidade da riqueza, tanto da sabedoria como do conhecimento de Deus! Quão insondáveis são os seus juízos, e quão inescrutáveis, os seus caminhos! Quem, pois, conheceu a mente do Senhor? Ou quem foi o seu conselheiro?
>
> Romanos 11:33,34

Num antigo trabalho de Orígenes chamado *On First Principles* [Sobre os Princípios Básicos], o grande pai da igreja destaca o que o apóstolo da graça quis dizer quando registrou esta afirmação:

> Paulo não disse que os juízos de Deus eram difíceis de ser entendidos, mas que era impossível compreendê-los. Ele não disse que os caminhos de Deus são difíceis de ser encontrados,

> mas que são realmente inescrutáveis. Muito embora alguém possa avançar na busca e fazer progressos por meio de um estudo crescente e honesto, ainda que ajudado e iluminado em sua mente pela graça de Deus, este homem nunca será capaz de atingir o objetivo final de sua busca.[2]

Quando penso nos caminhos inescrutáveis de Deus e no tema deste livro, lembro-me do garoto de seis anos que recebeu a tarefa de desenhar qualquer coisa que ele quisesse. Enquanto toda a classe já havia terminado sua tarefa, o menino ainda estava sentado trabalhando em seu desenho. Por fim, a professora foi ao fundo da sala e olhou por sobre os ombros do menino.

— O que você está desenhando? — perguntou a professora.

— Estou fazendo um desenho de Deus — disse o garoto.

— Johnny — disse a professora —, você deve se lembrar de que ninguém nunca viu Deus. Ninguém sabe como ele é.

— Bom, as pessoas vão saber quando eu acabar.

Era isso o que eu gostaria de pensar sobre este livro: que, quando eu tivesse terminado de escrever, quando a impressora acabasse de imprimir e depois de os leitores acabarem a leitura, as pessoas pudessem pelo menos saber como é a vontade de Deus. Entretanto, apesar de estar certo de que todos nós teremos aprendido algumas coisas juntos, com toda a humildade e franqueza reconheço que você não a terá descoberto ou nem mesmo visto em todas estas páginas. Portanto, não tenha grandes esperanças!

O que eu realmente espero que aprendamos é como nos voltar para Deus e confiar nele para operar sua vontade em nossa vida. Espero realmente que percebamos a enormidade de nossa ignorância e a necessidade de confiarmos em Deus e, então, que deixemos as coisas acontecerem. Simplesmente deixe para lá. Se o plano de Deus para você é uma surpresa ou, talvez, um desapontamento, deixe estar. Eu realmente imploro que você encare o desapontamento e aceite a surpresa. Vá em frente... chame isso de mistério. Deixe Deus definir os caminhos de sua vida, pois não há nada pior que resistir e guardar rancor daquele que está operando em você.

A maravilha de tudo isso é que, mesmo no meio do desapontamento, da surpresa e do mistério você vai descobrir quão fiel e digno de confiança é Deus – e quão seguro você está em suas mãos. E como precisamos disso nestes dias de relativismo e hesitação, cheios de discursos vazios e repletos de tanta semântica. No meio desta sociedade louca, é o Senhor quem fala diretamente. É o Senhor quem preservou sua verdade em preto-e-branco por meio de sua Palavra. E é o Senhor que tem o direito de fazer o que quiser ao nosso redor, a nós mesmos e dentro de nós. Ele é o oleiro, lembra-se?

Por mais perturbador que o processo possa parecer a nossos olhos, Deus se mantém firme a ele. Não há por que conhecermos todas as razões, e ele certamente não precisa dar explicações. Oleiros trabalham com o barro, não se lamentam para ele... nem pedem permissão para moldar o barro de maneira diferente.

Se estamos dispostos a deixar Deus ser Deus, então somos forçados a dizer que ele tem o direito de nos levar pelo processo que ele escolher. A jornada pode ser tanto dolorosa quanto perturbadora, incluindo uma tragédia no mar a sete milhas de Martha's Vineyard e um massacre numa escola de Littleton, no Colorado.

Os caminhos de Deus são complexos e é difícil predizê-los. Ele move as peças e, de alguma maneira, elas ficam em ordem.

Eurípedes, *Helena*

Há um tanto de inutilidade em se interessar por Deus de modo puramente acadêmico. Deus não é um objeto adequado para uma avaliação e uma observação fria, crítica, imparcial e científica. Não, o verdadeiro conhecimento de Deus sempre nos levará à adoração... Nosso lugar é diante dele, com o rosto em terra, num ato de adoração.

John R. W. Stott, *Romans: God's Great News for the World*

2

Deus ordena... Deus permite

Pensar teologicamente é difícil pois o raciocínio trabalha contra a perspectiva humana e horizontal que temos da vida. Pensar verticalmente é uma arte que poucos dominam. Preferimos viver no mundo do aqui e agora, vendo a vida como os outros a vêem, lidando com realidades que podemos tocar, analisar, provar e explicar. Ficamos muito mais confortáveis com o palpável, com o familiar, com a lógica forjada a partir de nossa cultura e vivida em nosso tempo.

Deus, no entanto, oferece um modo melhor de viver, que requer fé. Esta, por sua vez, nos leva além dos cuidados de nosso pequeno mundo imediatista, abre uma nova dimensão de pensamento e introduz uma perspectiva sem as limitações humanas. Para conseguirmos entrar nesse caminho melhor, precisamos nos autotreinar a pensar teologicamente. Quando conseguirmos mudar, desviaremos o foco de nós mesmos, tirando-nos de uma existência centrada no eu e abrindo a porta de nossas mentes para um quadro referencial centrado em Deus, em quem todas as coisas começam e terminam.

Um profeta chamado Jeremias foi chamado por Deus para ministrar em seu nome. Jeremias temia aceitar a missão por considerar-se muito jovem, inexperiente... apenas muito inadequado. O Senhor eliminou este pensamento horizontal dizendo ao profeta que ele o conhecia antes mesmo de ter sido concebido e que o havia separado antes mesmo de ele nascer. Deus também prometeu protegê-lo, livrá-lo e usá-lo de modo poderoso.

Isso estimulou Jeremias a pensar teologicamente. Deus lhe dera algumas ordens e ele precisava obedecer sem medo ou hesitação. Tempos difíceis sem dúvida viriam – todos com a permissão do Senhor. Mas Jeremias poderia encontrar grande conforto por saber que Deus cumpriria seu propósito apesar das dificuldades. Deus o chamara e o protegeria. Mesmo a oposição que o profeta enfrentaria (permitida por Deus) não impediria ou mudaria os planos divinos (os quais o Senhor determinara).

Peço-lhe que pense teologicamente durante todo este capítulo. Isso vai ajudá-lo a compreender a importância da vontade absoluta e da vontade permissiva de Deus.

A VONTADE ABSOLUTA DE DEUS

A primeira faceta da vontade de Deus é aquela que chamamos de sua vontade absoluta: sua vontade soberana, determinada e imutável. A ela nosso amigo Jó se referia ao dizer:

> O homem, nascido de mulher, vive breve tempo, cheio de inquietação. Visto que os seus dias estão contados, contigo está o número dos seus meses; tu ao homem puseste limites além dos quais não passará.
>
> Jó 14:1,5

As palavras de Jó nos dizem que a vontade absoluta de Deus está seguindo seu curso exatamente como foi planejado por nosso grande Deus. A vontade de Deus não pode ser antecipada: só a compreendemos depois do fato consumado.

Há momentos em que ficamos surpresos com sua vontade absoluta... como no momento em que abrimos os resultados de nosso exame médico e percebemos a existência de um tumor do qual sequer suspeitávamos. Ou quando uma esposa de 37 anos sorri à mesa do jantar e informa o marido de 45: "Vamos ter outro bebê". E seu filho mais novo está começando a fazer o colegial! Ou quando o índice da bolsa de valores registra a maior baixa dos últimos dez anos.

Pode parecer a muitos de nós que aquele que nos fez está longe demais para se preocupar com detalhes tão pequenos da vida neste pequeno globo. Mas não é assim. O plano misterioso de Deus está seguindo seu curso exatamente dentro do planejado, da maneira exata como o Senhor decretou.

Este mundo não está fora de controle, girando velozmente pelo espaço. Nem os habitantes deste planeta estão à mercê de um destino aleatório e cego. No mesmo instante em que criou o mundo e colocou as estrelas no espaço, Deus também estabeleceu o curso deste mundo e seu plano para a humanidade.

É óbvio que nem todos crêem nisso. Para alguns, este ensino é perturbador e desagradável. Por isso as pessoas buscam outros deuses.

Alguns meses atrás, durante um vôo que fazia para o sul da Califórnia, o passageiro a meu lado tirou de sua pasta um livro grosso e surrado chamado *Todas as Religiões do Mundo*. Enquanto ele lia eu pensava como gostaria de poder apresentá-lo ao Deus que é Senhor de tudo e de todos – aquele que satisfaz de um modo que nenhuma outra religião do mundo consegue. Tentei, porém sem sucesso.

O apóstolo Paulo deparou exatamente com a mesma questão quando pregou em Atenas. A cidade estava cheia de ídolos, pois a contagem dos antigos atenienses chegava a vários milhares quando o assunto eram deuses e deusas. Eles até mesmo tinham erguido um monumento "Ao Deus Desconhecido". Então, numa jogada genial de homilética, Paulo diz, com efeito: "Senhores, permitam-me apresentar-lhes este Deus que vocês não conhecem" (Veja At 17:16-34).

Existe apenas um Deus e ele é o responsável pelo plano soberano decretado sobre a terra.

> Eu sou o SENHOR, e não há outro; além de mim não há Deus; eu te cingirei, ainda que não me conheces. Para que se saiba, até ao nascente do sol e até ao poente, que além de mim não há outro; eu sou o SENHOR, e não há outro. Eu formo a luz e crio as trevas; faço a paz e crio o mal; eu, o SENHOR, faço todas estas coisas.
>
> Isaías 45:5-7

Pela pena de Isaías, o Senhor se declara o criador da luz e das trevas, quem faz a paz e cria o mal. Este é mais um dos "inexplicáveis". Não sei por que um tornado destrói um bairro e deixa outro intacto. O que sei é que, mesmo nessa calamidade, o plano de Deus não é frustrado ou alterado. As coisas são assim, senão ele não seria Deus. Ele não está sentado na beirada do céu, pensando no que vai acontecer em seguida. Este não é o Deus das Escrituras.

Portanto, ainda que não consigamos compreender a expressão "por quê?", tão velha quanto o tempo, o que realmente sabemos é que as Escrituras afirmam que Deus não se surpreende com a calamidade. De um modo ou de outro, tudo faz parte de sua misteriosa vontade.

Trata-se de um conceito difícil de justificar. Portanto, meu conselho é muito simples: desista de tentar. Embora você não escrevesse num cartão o versículo a seguir para uma pessoa que acabou de passar por uma grande tragédia pessoal, você precisará dele para confortar a si mesmo quando estiver passando por sua própria calamidade.

Lembre-se de que nada é surpresa para Deus, nem mesmo nossas menores dificuldades. Seu plano pode parecer injusto, ilógico do ponto de vista humano e até mesmo carente de compaixão, mas é por isso que habitamos no aqui e no agora. Prescindimos da visão vertical. Na verdade, nós, às vezes, discutimos com Deus, como testifica o profeta Isaías:

> Ai daquele que contende com o seu Criador! E não passa de um caco de barro entre outros cacos. Acaso, dirá o barro ao que lhe dá forma: Que fazes? Ou: A tua obra não tem alça. Eu fiz a terra e criei nela o homem; as minhas mãos estenderam os céus, e a todos os seus exércitos dei as minhas ordens. Eu, na minha justiça, suscitei a Ciro e todos os seus caminhos endireitarei; ele edificará a minha cidade e libertará os meus exilados, não por preço nem por presentes, diz o SENHOR dos Exércitos.
>
> Isaías 45:9, 12,13

Houve um tempo em minha vida em que afirmações como essas me faziam sentir muito medo e ressentimento. Só consegui encontrar conforto na soberania de Deus quando abri mão de minha perspectiva horizontal. Pouco a pouco as coisas começaram a se organizar em minha mente, trazendo alívio em vez de medo. É Deus quem está no comando, não nós! Trato disso com mais detalhes no capítulo 5.

Essa dimensão firme e absoluta da vontade de Deus apresenta quatro qualidades: (1) é incontestável; (2) é imutável, o que significa que ela é "invariável"; (3) é incondicional e (4) está sempre em completa harmonia com o plano e a natureza divinas. Em outras palavras, a vontade absoluta de Deus será santa, justa, boa e adequada; portanto, será a melhor. Ela sempre irá ao encontro de seus objetivos.

A questão da vontade divina está entremeada na verdade de Deus revelada nas Escrituras. Já vimos isso em Isaías. Vamos agora observar o livro de Romanos:

> Sabemos que todas as coisas cooperam para o bem daqueles que amam a Deus, daqueles que são chamados segundo o seu propósito. Porquanto aos que de antemão conheceu, também os predestinou para serem conformes à imagem de seu Filho, a fim de que ele seja o primogênito entre muitos irmãos. E aos que predestinou, a esses também chamou; e aos que chamou, a esses também justificou; e aos que justificou, a esses também glorificou.
>
> Romanos 8:28-30

Escreva a seguinte nota ao lado desse texto em sua Bíblia: "vontade absoluta de Deus". Sua vontade absoluta está em ação em nossa vida. Ele está moldando sua vida, trabalhando para que você assuma o caráter de seu Filho, Jesus Cristo.

Perguntaram a um escultor como ele conseguia esculpir a cabeça de um leão em um bloco de mármore. Sua resposta foi:

— Eu apenas tiro tudo aquilo que não se parece com a cabeça de um leão.

Deus trabalha em nosso ser e arranca tudo aquilo que não se parece com Cristo – a impaciência, o temperamento irritadiço, o orgulho, os impulsos emocionais que nos afastam de nosso Pai. Ele está nos moldando conforme sua imagem. Esse é seu plano predeterminado. Ele está empenhado em cumpri-lo. Nada que façamos vai dissuadi-lo de seu intento. Deus está firme. Ele é incansável e suas idéias criativas nunca se esgotam.

É por isso que o Senhor envia uma pessoa para o campo missionário na China e outra para a sede de um banco na cidade de Seattle. Faz parte do plano soberano de moldar indivíduos segundo a imagem de Cristo. Isso não quer dizer que a pessoa que vai para a China é mais santa que aquela que vai para o banco.

Você só estará errado se for para um lugar diferente daquele para o qual Deus o está enviando. Como saber se esta é a vontade absoluta de Deus? Porque aconteceu. Dê uma olhada em seu passado. Você conseguirá identificar sua própria lista de fatos determinados pela vontade absoluta de Deus.

Grant Howard, em seu livro *Knowing God's Will – and Doing It,* escreve o seguinte:

> Será possível saber a vontade específica de Deus para minha vida? Sim – depois que as coisas aconteceram! Hoje você sabe que a vontade específica de Deus para sua vida era que você nascesse de determinados pais, em certo lugar, sob determinadas circunstâncias e que você fosse homem ou mulher. É possível saber hoje que Deus determinou que você tivesse certas características, certas experiências, certos professores, certos interesses, certos amigos, certo tipo de educação, certos irmãos e irmãs, ou que talvez fosse filho único. Em outras palavras, tudo o que aconteceu em sua vida até este momento tem sido parte da vontade específica de Deus para sua vida. Tudo aconteceu porque ele determinou que assim fosse.[1]

"Espere um pouco, espere um pouco", posso ouvir você dizendo: "Tenho uma pergunta". Todos nós temos perguntas sobre isso. Eu disse que isso era profundo. Também falei que poderíamos não entender algumas coisas. Queremos estar no controle. Nossa vontade é dizer "não, isso é comigo. Eu escolho meus amigos e meus próprios interesses. Fui eu quem decidiu qual faculdade queria cursar".

Agora é *minha* vez de dizer: "Espere um pouco". Quem promulgou o decreto de que agora é você quem está no comando? Isso não depende de você. Você é o barro; Deus é o Oleiro. Lembra-se? Você é a vara; ele é a Videira. Você é o servo; ele é o Mestre. Tudo está nas mãos dele. Que jeito maravilhoso de viver!

Aquilo que, em determinado momento, parece uma série de eventos misteriosos e ilógicos é, na verdade, Deus trabalhando de maneira muito profunda para ser explicada, muito profunda para ser entendida... agora. Grant Howard continua:

> E quanto ao futuro? Posso saber ao menos uma parte do que a vontade específica de Deus tem para mim no futuro? Sua posição espiritual e seu destino eterno são as duas únicas coisas que você pode saber com certeza. Se você está em Cristo agora, está claro que você estará com Cristo em todos os momentos do futuro. O resto de seu futuro está oculto, até que aconteça. Sua carreira, seu cônjuge, o lugar onde terá sua casa, suas notas na escola, as doenças, os acidentes, as honras, as viagens, o salário e a aposentadoria são parte da vontade específica de Deus, mas não são reveladas antes do tempo. Exceto sua posição espiritual e seu destino eterno, tudo o que vai acontecer em sua vida não pode ser previsto com absoluta certeza.[2]

Pare e pense. Quem poderia imaginar, cinco anos atrás, que você estaria fazendo o que faz agora, ou que iria passar o que passou nesses últimos cinco anos? Nenhum de nós. E tenho outras notícias para você. Você sequer imagina o que vai acontecer nos próximos cinco anos. O futuro é tão incerto, excitante, cheio de riscos e maravilhas como os cinco anos que você viveu. Mas, seja o que for que o futuro lhe traga, saiba que isso é absoluto, imutável, incondicional e está em completa harmonia com a natureza e o plano de Deus.

"No céu está o nosso Deus e tudo faz como lhe agrada" (Sl 115:3). Esse foi o versículo citado por Lila Trotman quando ela ouviu que seu marido, Dawson Trotman, fundador do The Navigators, se afogara no lago Scroon, em Nova York. Dawson mergulhou para resgatar duas meninas que haviam sido jogadas para fora de um barco veloz e ele mesmo se afogou. O amigo que estava com ele correu para a costa e encontrou Lila.

— Lila, Dawson morreu — gritou ele. — Ele morreu!

Foi então que Lila calmamente citou o Salmo 115:3. Ela encontrou conforto na vontade absoluta de Deus. Aquilo que, para muitos, parecia uma morte prematura e inoportuna, mais tarde foi vista como o plano perfeito de Deus para a maravilhosa organização fundada por Dawson.

Por diversas vezes nos últimos anos esse versículo tem me ajudado a pensar teologicamente, livrando-me de noites de insônia, de horas de agonia diante do "por quê?".

Até mesmo a morte de nosso Salvador era parte da vontade absoluta de Deus:

> Varões israelitas, atendei a estas palavras: Jesus, o Nazareno, varão aprovado por Deus diante de vós com milagres, prodígios e sinais, os quais o próprio Deus realizou por intermédio dele entre vós, como vós mesmos sabeis; sendo este *entregue pelo determinado desígnio e presciência de Deus*, vós o matastes, crucificando-o por mãos de iníquos.
>
> Atos 2:22,23, grifos do autor

Apesar de homens incrédulos terem pregado Jesus àquela cruz, isso aconteceu "pelo determinado desígnio e presciência de Deus". Era o exato momento e lugar, pelos meios determinados por Deus. E o que pareceu misterioso para os onze discípulos confusos, assim como injusto e desleal (humanamente falando, era tudo isso e muito mais), foi visto por Deus, que disse: "Foi isso o que eu planejei. Esta é a missão que meu Filho veio cumprir".

É por isso que as palavras finais de Jesus na cruz antes de morrer foram "está consumado". O plano de redenção de Deus fora completado: o pagamento de Jesus por nossos pecados. E depois disso ele morreu.

> Ao qual, porém, Deus ressuscitou, rompendo os grilhões da morte; porquanto não era possível fosse ele retido por ela.
>
> Atos 2:24

É exatamente isso o que vai acontecer depois de nossa morte. Ele nos ressuscitará por sua graça, colocando um fim na agonia da morte, uma vez que não seremos retidos por ela. Deus *determinou* que seja assim. É algo maravilhoso para dizer ao lado da sepultura, não é?

Significa, porém, que existem algumas coisas que Deus não pode nem vai fazer, porque elas não estão de acordo com sua natureza. Por exemplo, Deus não pode nem vai mentir (Nm 23:19, Hb 6:18). Deus não pode e não tenta ninguém a pecar (Tg 1:13-15). Essas ações estão em desacordo com sua natureza e, portanto, contra sua vontade.

"Ninguém, ao ser tentado, diga: Sou tentado por Deus", diz Tiago, usando uma sintaxe interessante para expressar essa idéia. Na língua original Tiago usou uma expressão mais sutil, com o sentido de "Ninguém, ao ser tentado, diga: estou sendo indiretamente tentado por Deus".

Esse aspecto nos é familiar, não? Lembra-se do primeiro casal, Adão e Eva? "A mulher que me deste por esposa, ela me fez pecar" (dizendo, indiretamente: "Senhor, tu és aquele que me fizeste pecar"). E nós temos feito a mesma coisa desde então. "Senhor, se tu não tivesses me dado esta natureza, eu não teria entrado na internet, não teria ido até aquela sala de bate-papo, não teria me envolvido com aquela mulher, o que me levou a ter um caso com ela. Quer dizer, se o Senhor não tivesse me dado o tempo livre para fazer tudo isso...". Isso não apenas não faz sentido como é teologia da pior qualidade. Deus não tentou, não tenta e nunca vai tentar ninguém. Ele nunca nos pede para fazer algo ruim.

Deus também nunca vai contradizer sua natureza para justificar um fato. "Se somos infiéis, ele permanece fiel, pois de maneira nenhuma pode negar-se a si mesmo", escreve Paulo em 2 Timóteo 2:13. Deus é eternamente coerente.

É claro que sequer arranhamos a superfície da questão da vontade absoluta de Deus, mas isso pelo menos nos dá um ponto de partida.

Lembre-se apenas disso: ninguém é capaz de frustrar os planos de Deus... ninguém. Ninguém que nos desaponta está surpreendendo a Deus. Ninguém que foge de suas responsabilidades está fazendo Deus pensar por quê.

Em última análise, Deus seguirá seus caminhos. Aquilo que ele determinou será realizado.

Mas, e quanto ao mal? Qual é o papel de Deus com relação aos assuntos terrenos que não refletem seu caráter santo?

A VONTADE PERMISSIVA DE DEUS

O outro aspecto da vontade de Deus é sua vontade permissiva, o que significa dizer que Deus permite. Por exemplo: Deus permitiu que Jó passasse pelo sofrimento. Deus não fez nenhum mal a Jó; ele permitiu que Jó sofresse.

Satanás chegou-se para Deus e acusou Jó de ser um daqueles indivíduos que o Senhor protegia com mais atenção.

— Quem não confiaria num Deus que protege seu servo de qualquer dano? Mas mexa com Jó, com sua vida, com sua família ou com sua saúde e ele vai amaldiçoá-lo.

— Tudo bem — disse o Senhor. — Vou permitir que você faça isso.

Não sei por que Deus agiu assim. Como ele podia dizer que isso era justo ou misericordioso? Em minha opinião, não era. Isso é uma parte de sua vontade misteriosa. Mas eu não sou Deus. Sou simplesmente o barro; ele é o Oleiro. Ao lermos toda a história, temos de admitir quantas coisas maravilhosas vemos Jó aprender sobre Deus durante o sofrimento pelo qual passou:

> Então, respondeu Jó ao SENHOR: Bem sei que tudo podes, e nenhum dos teus planos pode ser frustrado. Quem é aquele, como disseste, que sem conhecimento encobre o conselho? Na verdade, falei do que não entendia; coisas maravilhosas demais para mim, coisas que eu não conhecia.
>
> Jó 42:1-3

Como resultado, por diversas gerações, o nome de Jó tem sido sinônimo de paciência.

Outro exemplo e um elemento da vontade permissiva de Deus pode ser encontrado em 2 Pedro 3:9:

> Não retarda o Senhor a sua promessa, como alguns a julgam demorada; pelo contrário, ele é longânimo para convosco, não querendo que nenhum pereça, senão que todos cheguem ao arrependimento.

Este é o primeiro item da "lista de desejos" de Deus. Ele quer que todo o mundo venha a ele e se arrependa, que ninguém pereça. Mas nem todos vão se arrepender na primeira vez; alguns jamais o farão. O apóstolo Paulo disse, com efeito: "Porque, sendo livre de todos, fiz-me escravo de todos, a fim de ganhar o maior número possível" (Veja 1 Co 9:19-22). Ele sabia que nem todos seriam salvos.

Todas as vezes que me levanto para pregar faço a seguinte oração: "Senhor, traze para perto de ti todos os presentes neste lugar que não te conhecem". Mas eu sou realista. E sei que alguns vão optar por não receber a Cristo. Isso faz parte do plano de Deus. Da perspectiva divina, eles não figuram entre os eleitos. Isso gera uma tensão – mais um daqueles fatos inescrutáveis e imponderáveis. Se ele não deseja que ninguém se perca, então por que não salva todo o mundo? Porque isso não faz parte de seus planos soberanos.

Deus predeterminou o plano de salvação, sabendo que muitos o iriam recusar. O plano está estabelecido. Fixo. Não mudou, nem vai mudar. Mas alguns preferem as trevas à luz e, por isso, se recusam voluntariosamente a buscar a salvação em Cristo.

Como você pode ver, é aqui que toda a questão do mal vem à tona. E esta é uma das irreconciliáveis dificuldades de nossa teologia: a tensão entre a vontade absoluta de Deus e a responsabilidade da humanidade. Precisamos fazer Cristo conhecido ao mundo todo, sabendo, porém, que nem todo o mundo crerá nele.

Charles Spurgeon, um dos mais proeminentes batistas do passado, colocou as coisas de um modo bem claro quando disse: "Se Deus tivesse colocado uma marca branca nas costas de todos os eleitos, eu passaria o dia inteiro caminhando pelas ruas de Londres levantando camisas em busca das marcas. Mas, como ele disse 'vinde a mim todos', então eu prego para todas as pessoas".

Deus não quer que ninguém pereça, mas que todos cheguem ao arrependimento. Ele não provoca o pecado, mas permite que ele exista. Ele não fica feliz quando vê sua criação cedendo à tentação, mas usa até isso para cumprir seus propósitos.

Faça uma pausa agora e leia Atos 4:27-31.

> Porque verdadeiramente se ajuntaram nesta cidade contra o teu santo Servo Jesus, ao qual ungiste, Herodes e Pôncio Pilatos, com gentios e gente de Israel, para fazerem tudo o que a tua mão e o teu propósito predeterminaram; agora, Senhor, olha para as suas ameaças e concede aos teus servos que anunciem com toda a intrepidez a tua palavra, enquanto estendes a mão para fazer curas, sinais e prodígios por intermédio do nome do teu santo Servo Jesus. Tendo eles orado, tremeu o lugar onde estavam reunidos; todos ficaram cheios do Espírito Santo e, com intrepidez, anunciavam a palavra de Deus.

Você verá os discípulos pregando ao ar livre, falando tanto a judeus quanto a gentios sobre a morte e a ressurreição de Jesus. Eles atiram balas verbais para todos os lados. Então, recuam um pouco e se reagrupam, encorajando-se uns aos outros, e voltam para o campo de batalha a fim de testemunhar da oferta de salvação que Deus faz a todo o povo. Eles são castigados, açoitados e ameaçados, apenas para recuar um pouco... e começar a pregar de novo. São torturados e aprisionados mas ainda assim testemunham. Isso me faz lembrar daqueles bonecos de plástico chamados de "joão-bobo": você fica batendo neles e eles sempre voltam para apanhar mais! Este é um desses momentos de idas e voltas.

Em sua vontade permissiva, Deus usou gentios ímpios como Pôncio Pilatos e Herodes para dar cumprimento a seus planos e propósitos. Não importa nossa situação ou posição na vida: somos todos servos – de um jeito ou de outro – do soberano Senhor do Universo. Ele pode fazer o que quiser com qualquer um de nós.

SABEMOS ALGUMA COISA COM CERTEZA?

A palavra de Deus declara de maneira inequívoca que certas coisas não são da vontade de Deus e nunca o serão na vida cristã. Ela também ensina claramente que algumas coisas são a vontade de Deus para aquele que crê. Não precisamos orar pedindo "direção" sobre esse assunto. Temos apenas de escavar nas Escrituras para extrair esta verdade para nós mesmos. Uma vez desenterradas, essas verdades brilham como um fulgente minério ou uma reluzente gema.

Trata-se de uma verdade divina sólida, imutável, permanente e bíblica. Os não-salvos jamais a entenderão e não devemos exigir que eles vivam de acordo com ela. É a vontade de Deus estritamente para o filho de Deus. A imoralidade sexual, por exemplo, nunca é da vontade de Deus.

> Pois esta é a vontade de Deus: a vossa santificação, que vos abstenhais da prostituição.
>
> 1 Tessalonicenses 4:3

Sou lembrado aqui dos Dez Mandamentos, uma lista completa e definitiva de proibições divinas (leia Êx 20:3-17). Outro conjunto de ações claramente odiadas por Deus se encontra em Provérbios 6:16-19.

Agora que já vimos uma lista de ações negativas, vamos considerar algumas que as Escrituras nos dizem, de maneira explícita, serem a vontade de Deus para nossas vidas.

> Regozijai-vos sempre. Orai sem cessar. Em tudo, dai graças, porque esta é a vontade de Deus em Cristo Jesus para convosco.
>
> 1 Tessalonicenses 5:16-18

"Devo dar graças? Esta é a vontade de Deus para minha vida?" Você não precisa orar sobre isso. Ele o diz aqui alto e bom som: regozijai-vos. Ore sem parar. Dê graças por tudo. Dê graças quando estiver sendo provado, afligido e forçado a esperar. Sim, dê graças. Dê graças pela paciência que você está aprendendo a ter. Dê graças pela forma como Deus está trabalhando em sua vida por meio da provação. Dê graças.

Pedro, um dos amigos mais próximos de Jesus, nos lembra duas reações que sempre representam a vontade de Deus. A primeira delas refere-se à submissão. A outra está relacionada a um caminhar obediente num mundo cheio de incertezas.

> Sujeitai-vos a toda instituição humana por causa do Senhor, quer seja ao rei, como soberano, quer às autoridades, como enviadas por ele, tanto para castigo dos malfeitores como para louvor dos que praticam o bem. Porque assim é a vontade de Deus, que, pela prática do bem, façais emudecer a ignorância dos insensatos.
>
> 1 Pedro 2:13-15

Embora não saibamos qual é a vontade de Deus para o futuro, ele nos deu uma lista completa de requisitos que definem sua vontade para todos os que crêem:

- Obedecer aos pais (Ef 6:1).
- Casar-se com um cristão (1 Co 6:15).
- Trabalhar em uma profissão (1 Ts 4:11,12).
- Ajudar a família (1 Tm 5:8).
- Ofertar para a obra do Senhor e para os pobres (2 Co 8–9; Gl 2:10).
- Criar os filhos segundo os padrões de Deus (Ef 6:4).
- Meditar nas Escrituras (Sl 1:2).
- Orar (1 Ts 5:17).
- Ter uma atitude alegre (1 Ts 5:16).
- Reunir-se para adoração (Hb 10:25).
- Proclamar a Cristo (At 1:8).
- Ter um conjunto de valores correto (Cl 3:2).
- Ter um espírito de gratidão (Fp 4:6).
- Mostrar amor (1 Co 13).
- Aceitar as pessoas sem preconceito (Tg 2:1-10).

E a lista continua.

Essa é a vontade de Deus para sua vida como filho de Deus, não importando quem você seja ou onde esteja. Não há nada de misterioso aqui!

Quanto mais você conhece a Palavra de Deus, menos confusa será a vontade de Deus. Aqueles que têm menos problemas com a vontade de Deus são os que mais conhecem a sua Palavra.

Vemos claramente a importância das Escrituras quando consideramos outra pergunta bastante freqüente: como Deus revelou sua vontade nos tempos bíblicos? Ele faz a mesma coisa hoje em dia?

BUSCANDO ORIENTAÇÃO

"A orientação dada por Deus no Antigo Testamento chegava aos detalhes da vida diária, ao passo que suas instruções no Novo Testamento são expressas em princípios e ordens gerais", diz Garry Friesen em seu livro *Decision Making and the Will of God*.[3]

Nos tempos bíblicos, Deus revelava sua vontade numa grande variedade de formas, mas a maioria delas se encaixa em uma das três categorias que são claramente verificadas nas Escrituras.

Primeira: Deus usou eventos miraculosos para revelar sua vontade.

Antes de existir o conjunto de textos do Gênesis ao Apocalipse, antes de haver uma revelação escrita e completa da mente de Deus, ele ocasionalmente usava milagres para revelar sua vontade. Exemplos? A sarça ardente (Êx 3:1-10). Como Moisés soube que era Deus quem lhe dizia para voltar ao Egito e libertar o povo? A sarça ardente. O fato de um arbusto queimar no deserto não era um milagre. Isso acontece até hoje. Cai um raio e puf!, lá estão as folhas secas pegando fogo. Mas aquele arbusto não se consumia. Miraculosamente, ele queimou e queimou. Foi isso o que fez Moisés parar e dar ouvidos à vontade de Deus.

E quanto ao mar Vermelho? Como Moisés soube que deveria cruzar o mar? O mar abriu-se miraculosamente, criando um caminho seco para Moisés e os israelitas (Êx 14:21-29). Indicação perfeita de que a vontade de Deus era que ele cruzasse o mar, certo?

No tempo dos juízes, Gideão queria conhecer a vontade de Deus. Deixou um tufo de lã no sereno, e Deus indicou sua vontade fazendo com que, numa ocasião, o monte de lã secasse e, em outra, ficasse molhado (Juízes 6).

Como é que Pedro, nos dias da igreja primitiva, pôde saber que era a vontade de Deus que ele deixasse a prisão? Deus abriu as portas e o levou para fora de modo miraculoso (At 12:1-16).

Hoje em dia, Deus raramente revela sua vontade por meio de feitos miraculosos. As pessoas podem achar que viram um milagre – como uma vaga no estacionamento do shopping center na época do natal, ou o rosto de Jesus numa panqueca – mas não é assim que Deus age hoje. Como disse meu amigo Gary Richmond: "Se os milagres acontecessem com esta freqüência, não deveriam ser chamados de milagres, mas de fatos corriqueiros".

Não estou dizendo que Deus não realize mais milagres. Ele faz. Mas milagres, como a própria definição da palavra implica, são fatos extraordinários e extremamente raros. Durante toda a minha vida, talvez possa citar três eventos que eu mesmo testemunhei. Era tão óbvio que se tratava de um milagre de Deus que nenhuma outra explicação se encaixaria. Mas o método padrão de Deus revelar sua vontade não é por meio de milagres. Logo, por favor, não caia nesta armadilha. Evite antecipar ou procurar milagres para descobrir a vontade de Deus. Você não precisa deles.

Deus usou milagres nos tempos antigos porque esta era a maneira de ele falar a seu povo antes de sua Palavra ter sido escrita. Hoje ele nos fala por meio de sua Palavra.

Segunda: Deus falou por meio de visões e sonhos.

Abraão viu visões e José sonhou sonhos (Gn 15:1; 40:8; 41:25). Deus falou a Abraão por meio de visões, assim como falou com José pelos sonhos. Ele até mesmo usou os sonhos de um Faraó e a interpretação de José para preservar o Egito das aflições de uma terrível seca e de uma fome nacional. Deus cumpriu sua vontade tanto para os israelitas quanto para os egípcios por meio de sonhos e visões.

Nos tempos do Novo Testamento, Pedro viu um lençol descendo dos céus com todo tipo de comida dentro dele – inclusive o que equivaleria a oferecer um sanduíche de presunto a um judeu. Ele viu comida que Deus proibira os judeus de comerem. Agora, porém, Deus dizia: "coma". Pedro retrucou: "não posso comer"; e Deus insistiu: "coma". Por meio dessa visão do lençol e da miraculosa provisão de seu alimento, Pedro descobriu que era a vontade de Deus que ele levasse a mensagem do evangelho aos gentios (At 10:10-23).

Terceira: Deus mostrava sua vontade por meio da revelação direta.

Deus contava sua vontade a seus profetas, os quais, por sua vez, entregavam a mensagem ao povo. "Amós, faça isso". "Isaías, diga aquilo". "Jeremias, vá até ali". Os profetas expressavam os oráculos de Deus. "Porque nunca jamais qualquer profecia foi dada por vontade humana; entretanto, homens santos falaram da parte de Deus, movidos pelo Espírito Santo" (2 Pe 1:21).

A palavra grega usada aqui é *pherô* e significa literalmente "ser movido por outro poder que não sua própria força". É um termo náutico usado para um navio sem leme ou velas, levado ao sabor das ondas, dos ventos e das correntes. Nesse texto a palavra é usada com relação aos profetas, movidos não por seu próprio poder, mas pelo poder de Deus, conforme falava pelos profetas e lhes revelava sua vontade.

Deus não fala mais por meio de profetas. Não me importo com o que eles dizem na televisão. Ou, citando John Stott:

> O pregador cristão não é um profeta. Ou seja, ele não extrai sua mensagem de Deus como uma revelação direta e original. É claro que a palavra "profeta" é usada livremente por algumas pessoas hoje em dia. Não é difícil ouvir que um homem que prega com paixão possui o fogo profético. Um pregador capaz de discernir os sinais dos tempos, que vê a mão de Deus no dia-a-dia da história e busca interpretar o significado de tendências políticas e sociais é, muitas vezes, chamado de profeta ou dono de um discernimento profético. Eu, porém, sou de opinião que este uso da palavra "profeta" é incorreto.[4]

Então, o que é um profeta? O Antigo Testamento o considerava o porta-voz de Deus... era a própria "boca" de Deus, pela qual o Senhor transmitia sua Palavra aos homens. O profeta não expressava suas próprias palavras e muito menos as dizia em seu próprio nome. O pregador cristão, portanto, não é um profeta. Nenhuma revelação original lhe foi dada. Sua tarefa é expor a revelação que já foi entregue de uma vez por todas (Judas 3). A última ocorrência da conhecida fórmula "a Palavra do Senhor veio a" refere-se a João Batista (Lc 3:2). Ele foi um verdadeiro profeta.

Agora que a Palavra escrita de Deus está disponível a todos nós, ela não é mais necessária na expressão profética nem vem aos homens porque já veio de modo definitivo. São os homens que, agora, precisam ir até ela.

Entender claramente esse conceito vai evitar muitos dias de dores de cabeça e meses de confusão. Quantas vezes você já ouviu alguém dizer: "O Senhor me disse para fazer isso e aquilo"? Preciso confessar que, em meus momentos de descuido, fico tentado a perguntar: "A voz dele era de tenor ou de barítono? Você está me dizendo que ouviu sua voz?" É claro que quando as pessoas dizem que realmente ouviram a voz de Deus eu fico ainda mais assustado!

Será que você já exauriu a Palavra de Deus de maneira tal que agora precisa de uma voz literal para guiá-lo? Nunca! Temos uma fonte inesgotável de verdade na Palavra de Deus. Vá a ela. Ela jamais vai contradizer o plano de Deus ou trabalhar contra sua natureza. Você pode confiar nela. Ela veio a nós no transcorrer de vários séculos.

Ao extrairmos preceitos e princípios das Escrituras, com base numa cuidadosa e inteligente interpretação de sua Verdade, somos capazes de aplicá-la de numerosas formas a nossa situação atual. A Palavra e a vontade de Deus estão conectadas de maneira inseparável. A Palavra é a revelação final de Deus, até que ele envie novamente seu Filho para nos levar ao lar com ele. Sim... *final.*

> Havendo Deus, outrora, falado, muitas vezes e de muitas maneiras, aos pais, pelos profetas, nestes últimos dias, nos falou pelo Filho, a quem constituiu herdeiro de todas as coisas, pelo qual também fez o universo.
>
> Hebreus 1:1,2

Diga-me que você depreendeu a vontade de Deus a partir das Escrituras, depois de tê-la estudado cuidadosamente dentro do contexto em que foi dada, e você terá minha atenção e meu respeito.

Não me venha com contos de uma visão noturna ou alguma "palavra de conhecimento" em um sonho. Não fale comigo sobre uma voz, especialmente aquela que você ouviu no meio da noite enquanto estava na cozinha (é mais provável que isso seja um caso de indigestão).

Não quero ser leviano quanto a questões espirituais sérias, mas esse tipo de revelação extrabíblica não é apenas espúria, mas claramente perigosa. Ela invariavelmente o afasta da verdade de Deus. Sua curiosidade e fascinação vão assumir o controle, eclipsando a autoridade das Escrituras.

Descobri que aqueles que têm uma profunda visão da revelação bíblica são os que menos se envolvem com revelações extrabíblicas. Deus pode agir assim? É claro que pode. Ele é Deus e é capaz de fazer o que desejar. Deus age assim? Em todos os meus anos de ministério, nunca encontrei um incidente confiável de tal tipo de revelação. Por outro lado, tenho visto pessoas sinceras se metendo em enormes problemas e confusões porque confiaram em revelações extrabíblicas em vez de crerem na Palavra de Deus.

Vários anos atrás testemunhei isso na vida de um bom pastor e sua esposa. No início de seu ministério esse jovem bem-dotado estava comprometido com a exposição clara e prática da Palavra. A igreja que ele pastoreava cresceu, não apenas em número, mas também em harmonia, à medida que os membros se relacionavam uns com os outros em amor. Era um corpo forte e sadio.

Então, por meio de uma intrigante cadeia de eventos, o pastor e sua esposa começaram a confiar em sonhos e visões na busca de direção, deixando de lado a verdade das Escrituras. A congregação dividiu-se no momento em que uma parte do rebanho começou a buscar a vontade de Deus por meio de vários fenômenos extrabíblicos, enquanto outros resistiam a esse ensinamento. Por fim, a pequena fenda destruiu a comunhão. O pastor saiu e deu início a outra igreja a alguns quilômetros de distância, juntamente com seus seguidores fiéis, enquanto outros ficaram para recolher os pedaços.

O que restou foram sentimentos de tristeza e relacionamentos rompidos. A confusão substituiu a harmonia. A autoridade final daquele pastor não era mais baseada na Palavra de Deus mas, cada vez mais, em sonhos, visões, estranhas interpretações da Bíblia e ensinamentos distorcidos que enalteciam a experiência.

A Palavra de Deus nos fornece toda a luz necessária para nossa jornada nesta vida. Ela é "lâmpada para os meus pés" e "luz para os meus caminhos" (Sl 119:105). Ela leva luz às mentes obscurecidas. Ela nos ajuda a pensar teologicamente. Por mais estranha e misteriosa que sua orientação possa nos parecer, nunca estaremos perdidos se derivarmos nossa compreensão de uma investigação séria da Palavra escrita de Deus. Assim, permaneceremos em pé sobre a firme rocha da verdade da Palavra de Deus.

Todos os outros terrenos são areia movediça.

Ir de fracasso em fracasso,
Sem perder o entusiasmo.

Definição para Sucesso de Winston Churchill

Confusão é a palavra que inventamos para
uma ordem que não podemos compreender.

Henry Miller, *Trópico de Capricórnio*

3

Da teoria à prática

"Estou totalmente confuso. Como posso saber a vontade de Deus para minha vida?" Sou incapaz de dizer o número de vezes que já ouvi esta pergunta durante toda a minha vida. É um dilema que leva as pessoas a inventarem os mais estranhos métodos para chegar a conclusões ainda mais incríveis.

Há alguns anos li sobre um homem que estava dirigindo pela cidade de Washington, DC, quando seu carro quebrou bem diante da embaixada das Filipinas. Ele achou que isso era um sinal de que ele deveria ser missionário nas Filipinas.

Houve também aquela mulher que não tinha certeza se deveria viajar ou não para Israel. Certa noite ela estava lendo folhetos de viagem e algumas informações turísticas e viu que o vôo seria num avião modelo 747. Na manhã seguinte, ela acordou e seu relógio estava marcando 7:47, o que a fez considerá-lo um sinal positivo.

Esse tipo de insensatez é chamado de "teologia vodu". Não passa de superstição. Não nos deixemos levar por este tipo de pensamento.

Deus nos entregou a maior parte de suas orientações de maneira muito clara por meio das Escrituras, como vimos no capítulo anterior, mas muitas das situações que enfrentamos não são abordadas de maneira específica em sua Palavra. Vou dar-lhe alguns exemplos.

Você tem um filho que se destaca num esporte em particular e diversas universidades de alto nível oferecem bolsas de estudo para tê-lo em seu quadro de alunos. Qual escola você escolheria? Bem, pode ser uma decisão difícil, mas você nunca vai encontrar uma resposta específica nas Escrituras. Se encontrar, você estará inferindo alguma coisa que não se encontra ali.

Você é solteiro e está namorando, orando para que Deus lhe dê a companheira ideal para toda a vida. Mas não existe nada na Bíblia que diga "case-se com Maria", "não namore a Antônia" ou "não fique noivo da Sandra". Deus nos dá princípios gerais em sua Palavra – por exemplo: "Não vos ponhais em jugo desigual com os incrédulos" –, mas é preciso aplicar o princípio.

Você tem um bom emprego em São Paulo, mas está cansado de pegar trânsito pesado todo dia para ir trabalhar. Então, uma empresa na Bahia lhe oferece um emprego similar, com uma remuneração semelhante. Você deve se mudar ou continuar onde está? Um grande número de fatores pesará em sua decisão, mas você também não vai encontrar respostas diretas nas Escrituras. Se encontrar, há alguma coisa muito estranha nisso tudo.

Nós sinceramente queremos que essas decisões de nossas vidas estejam de acordo com a vontade de Deus. Lá dentro de nós, todos gostaríamos que sua orientação específica pudesse ser lida nas Escrituras. Adoraríamos ver o Senhor nos guiando pela mão... como isso seria reconfortante! Um de nossos hinos diz o seguinte: "Com tua mão segura bem a minha / pois eu tão frágil sou, ó Salvador / que não me atrevo a dar jamais um passo / sem teu amparo, meu Jesus, Senhor".[1] Não seria maravilhoso segurar a mão de Deus e deixar que ele nos guiasse para o lugar que ele quisesse?

Não queremos perder o que Deus tem de melhor para nossa vida. Queremos ser mantidos firmes no curso, guiados por sua presença. Portanto, onde podemos encontrar essa orientação, essa liderança? Vamos começar analisando alguns dos pré-requisitos essenciais que nos ajudam a determinar a vontade de Deus. Felizmente eles não são nem ambíguos nem misteriosos.

PRÉ-REQUISITOS PARA SEGUIR A VONTADE DE DEUS

Primeiro e mais importante: você precisa ser cristão. "Pois todos os que são guiados pelo Espírito de Deus são filhos de Deus" (Rm 8:14).

Quando você aceita a Cristo como Salvador e Senhor de sua vida, o Espírito Santo vem habitar em você. Entre outras coisas ele está ali para revelar-lhe a vontade de Deus. Apenas o cristão tem a presença interior do Espírito e precisamos dessa ajuda interna se desejamos seguir a vontade de Deus.

Segundo: você precisa ser sábio. "Portanto, vede prudentemente como andais, não como néscios, e sim como sábios, remindo o tempo, porque os dias são maus (Ef 5:15,16).

No começo deste capítulo você leu o exemplo de algumas coisas tolas que podem acontecer quando você tenta decifrar a vontade de Deus de maneira errada. Deus pede que não sejamos tolos, mas sábios, extraindo o máximo do tempo que temos, aproveitando toda oportunidade que nos aparece e usando-a sabiamente.

Antes de completar 20 anos, Jonathan Edwards, o brilhante e piedoso filósofo e teólogo que se tornou instrumento de Deus para o Grande Avivamento do século XVIII, decidiu-se a "nunca perder um momento, mas aproveitá-lo da melhor maneira possível". Foi exatamente isso o que ele fez, usando bem os talentos intelectuais que lhe foram dados por Deus. Ele ingressou na Universidade de Yale aos 13 anos e aos 17 formou-se como o primeiro de sua turma. Aos 26 anos era ministro de uma das maiores congregações do estado de Massachusetts.

As Escrituras nos dizem que fazer a vontade de Deus exige sabedoria pois, como Paulo escreve no versículo seguinte, aqueles que são sábios – e, portanto, não são tolos – procuram "compreender qual [é] a vontade do Senhor".

Seguir a vontade de Deus exige sabedoria, pensamentos claros e, sim, uma dose significativa de bom senso. Tal combinação nos ajuda a compreender a vontade do Pai.

Terceiro: você precisa estar disposto a fazer a vontade de Deus. "Se alguém quiser fazer a vontade dele, conhecerá a respeito da doutrina, se ela é de Deus ou se eu falo por mim mesmo" (Jo 7:17).

Seu "disposto a fazer" é a luz verde: você vai realmente fazer o que ele quer que faça. Você de fato quer fazer a vontade de Deus mais do que qualquer outra coisa. Mais do que completar seus estudos, do que se casar, do que terminar de pagar sua casa. Acima de qualquer coisa, o que você quer é fazer a vontade de Deus.

Olhando para trás em minha vida, sei que houve momentos em que eu disse que queria fazer a vontade de Deus, mas, lá no fundo, não queria realmente. É uma coisa difícil de confessar, mas, olhando com uma mira de precisão, percebo que em diversos momentos eu resisti a sua vontade. Aprendi que resistir de maneira egoísta traz conseqüências bastante sérias.

O apóstolo Paulo oferece palavras de aconselhamento àqueles que estavam escravizados. Elas têm um grande significado para nós neste contexto: "Quanto a vós outros, servos, obedecei a vosso senhor segundo a carne com temor e tremor, na sinceridade do vosso coração, como a Cristo", escreve Paulo, "não servindo à vista, como para agradar a homens, mas como servos de Cristo, fazendo, *de coração*, a vontade de Deus" (Ef 6:5,6, grifos do autor).

Fazer a vontade de Deus de coração – isso é realmente profundo. Mais do que agradar as pessoas, mais do que se manter na zona de conforto e segurança, seu desejo é agradar a Deus. Você quer seguir a vontade dele de todo o coração.

Quarto: você deve estar disposto a orar e esperar. "Pedi, e dar-se-vos-á; buscai e achareis; batei, e abrir-se-vos-á. Pois todo o que pede recebe; o que busca encontra; e, a quem bate, abrir-se-lhe-á" (Mt 7:7-8). "E esta é a confiança que temos para com ele: que, se pedirmos alguma coisa segundo a sua vontade, ele nos ouve. E, se sabemos que ele nos ouve quanto ao que lhe pedimos, estamos certos de que obtemos os pedidos que lhe temos feito" (1 Jo 5:14-15).

Conhecer a vontade de Deus e então segui-la às vezes pode ser sinônimo de um processo longo e doloroso. No começo de 1990, o presidente e o reitor do Seminário de Dallas pediram-me para considerar a possibilidade de me tornar o próximo presidente da instituição. Naquela época eu pastoreava, havia mais de vinte anos, uma igreja em Fullerton, na Califórnia. Eu não estava à busca de mudanças, nem senti nenhum "cutucão" repentino para analisar a oferta. Na verdade, fiquei apenas um curto período de tempo em oração e conversas com minha esposa antes de escrever uma carta ao presidente e ao reitor afirmando que não sentia a orientação de Deus naquele sentido.

Lembro-me de ter feito uma lista de razões "incontestáveis" pelas quais eu não deveria fazer tal mudança em minha vida. Todas aquelas razões faziam sentido, o que me levou a crer que eu não deveria considerar aquele assunto em hipótese alguma. Escrevi uma convincente carta de duas páginas que faziam total sentido... mas que estava errada!

O Espírito de Deus não me deixaria sozinho. De maneiras sutis mas muito claras, ele continuou trazendo aquela idéia de volta a minha mente. Eu tirava o pensamento da cabeça, e ele o colocava de volta. Eu conseguia ignorar o direcionamento, mas o Espírito não me deixava ir muito longe sem que outro pensamento retornasse, levando-me a reconsiderar o assunto. O que se seguiu foi uma luta extremamente dolorosa. O mistério estava brotando muito rápido em minha mente.

Durante esse período, uma série de outros eventos surgiu, forçando-me a voltar ao assunto. Deus estava traçando seu caminho, quer eu estivesse aberto a ele, quer não! Ele se recusava a me deixar em paz. Houve outras chamadas telefônicas, visitas, longos períodos em oração e diante das Escrituras, conversas com aqueles que eu respeitava e noites de insônia. Finalmente meu coração se voltou àquela direção e me vi incapaz de resistir mais. No final de 1993, dei uma volta completa: era a vontade de Deus. Não poderia mais negar. Surpreso e maravilhado, eu disse sim.

Quinto: seguir a vontade de Deus significa estar disposto a abdicar dos confortos de criatura. "E, agora, constrangido em meu espírito, vou para Jerusalém, não sabendo o que ali me acontecerá, senão que o Espírito Santo, de cidade em cidade, me assegura que me esperam cadeias e tribulações. Porém em nada considero a vida preciosa para mim mesmo, contanto que complete a minha carreira e o ministério que recebi do Senhor Jesus para testemunhar o evangelho da graça de Deus" (At 20:22-24).

Aqui, Paulo se refere à direção para a qual o Espírito o está levando "constrangido em meu espírito". Ele foi pego pela vontade de Deus, comprometeu-se com ela, apegou-se a ela. "Estou saindo de Éfeso, pessoal", disse ele, "e vou para um lugar que não será confortável. Na verdade, haverá lutas, pressões, desconforto e aflições – riscos de prisão e até de vida. Mas nada disso importa. Até mesmo minha vida não importa".

Estamos em um processo; estamos no meio da jornada. Se pretendemos acabar bem, de acordo com a vontade de Deus, devemos estar dispostos a encarar algumas coisas difíceis durante nossa jornada. Entre elas, podemos destacar a perda de coisas familiares e a necessidade de fazer alguns ajustes importantes.

Agora sabemos um pouco sobre algumas coisas essenciais que nos são exigidas antes mesmo de pensar na vontade de Deus. Porém, mesmo se todas essas coisas estiverem em seus devidos lugares, ou se, pelo menos, estivermos dispostos a arranjá-las, para onde vamos então? Se vamos seguir alguém, precisamos ser capazes de perceber a presença e a alegria de nosso Líder. Portanto, como Deus nos guia hoje? Mesmo sem remover todo o mistério que com freqüência acompanha sua vontade, consegui descobrir alguns absolutos que me ajudam a seguir ao Senhor.

COMO DEUS NOS GUIA HOJE?

Eu poderia relacionar pelo menos dez maneiras por meio das quais Deus dirige seus filhos hoje em dia, mas vou limitar-me aos quatro mais significativos métodos de orientação usados por Deus.

Primeiro e mais básico: Deus nos guia por meio de sua Palavra escrita. Como o salmista disse: "Lâmpada para os meus pés é a tua palavra, e luz para os meus caminhos" (Sl 119:105).

Todas as vezes que você vir o termo "esta é a vontade de Deus" em alguma passagem bíblica, tenha certeza de que essa é realmente a vontade de Deus. Você também fica ciente de que desobedecer significa descumprir a Palavra de Deus. Outras indicações claras da orientação divina são os preceitos e os princípios das Escrituras.

Preceitos são afirmações claras como "abstenha-se da imoralidade sexual". É como dizer "limite de velocidade: 50 km/h". O que é correr? Andar em qualquer velocidade acima de 50 km/h. Isso é um preceito.

Vemos, portanto, que existem princípios nas Escrituras e que eles são orientações gerais que requerem discernimento e maturidade para ser seguidos. Paulo fala sobre a "paz de Deus" guardar nossas mentes e corações (Fp 4:7). É como um sinal que diz "dirija com cuidado". Significa andar a 80 por hora numa estrada boa e vazia ou andar a 20 por hora numa curva fechada durante um temporal. Mas ele sempre diz que devemos estar alertas e cientes das condições: significa ter discernimento sempre.

Não existe nenhum sinal suficientemente grande que contenha todas as diversas opções de direção quando se está atrás do volante. É por isso que você precisa conhecer as regras da estrada, seguir os sinais aparentes e unir toda a sua habilidade ao seu discernimento.

Existem preceitos nas Escrituras, mas Deus concentrou-se mais nos princípios a serem seguidos. Esses princípios requerem sabedoria e discernimento. "Ensina-me bom juízo e conhecimento, pois creio nos teus mandamentos" (Sl 119:66).

É comum que, no calor do momento ou na pressão da circunstância, tomemos decisões que nunca tomaríamos sob a luz clara e esclarecedora da Palavra de Deus. Lembro-me de um casal que me procurou em busca de orientação conjugal há alguns anos. O casamento deles não estava bem e, apressadamente, concluíram que a maneira de eles se aproximarem era ter um cachorro ou até mesmo um filho. Deus do céu, se o casamento deles não estava bem não seria um bebê – e muito menos um cachorro – que faria com que eles voltassem a se entender. Talvez o problema estivesse no fato de um deles ser um crente em Jesus e o outro não. Talvez um não estivesse honrando o outro. Independentemente daquilo que eles precisassem, deixei claro que os princípios a serem seguidos poderiam ser encontrados na Bíblia.

Em momento algum você vai se dar mal se consultar as Escrituras. Tenha certeza, porém, de não tirá-la do contexto. O primeiro capítulo de Coríntios 7, por exemplo, é totalmente dedicado ao casamento, ao recasamento e às lutas do matrimônio. É um capítulo importantíssimo, recheado de conselhos práticos, mas você precisa analisar todos aqueles versículos em seu contexto original.

Não use o "método da janela aberta", no qual o vento sopra sobre as páginas de sua Bíblia e, fechando os olhos e apontando um versículo com o dedo, você diz: "Esta é a direção que Deus está me apontando". Se fizer isso, você poderá deparar com o versículo: "Então, Judas retirou-se e foi enforcar-se" como a orientação de Deus para aquele dia! Não faça isso!

Você gostaria de fazer uma consulta médica por causa de uma pequena indisposição e ouvir o médico dizer, sem qualquer exame, "é sua vesícula biliar"?

— Como o senhor sabe? — você perguntaria.

— Bom — diria o médico —, eu me sentei diante da janela há alguns minutos e confiei que Deus iria mover as páginas de meu livro de anatomia para indicar o problema de meu próximo paciente – e o assunto da página era vesícula biliar.

Você sairia rapidinho daquele consultório, não sairia? Mas há pessoas que tomam as decisões de sua vida dessa maneira: olhando para a embaixada das Filipinas ou para os 747, ao sabor do momento. E muitas delas são tão sinceras que fico com o coração partido. Eles praticam aquele tipo de teologia vodu, entram em confusões e depois dizem: "Bom, Deus me orientou". Deus não tem nada a ver com suas decisões.

Portanto, precisamos ser muito claros com relação à forma como Deus guia seu povo hoje em dia. Deus nos guia por meio de sua palavra escrita. Tenha em mente, porém, que isso não quer dizer que precisamos ter um versículo especial da Bíblia para cada decisão que vamos tomar.

Segundo: Deus nos guia por meio de um direcionamento interior do Espírito Santo. Leia cuidadosamente a afirmação a seguir: "Assim, pois, amados meus, como sempre obedecestes, não só na minha presença, porém, muito mais agora, na minha ausência, desenvolvei a vossa salvação com temor e tremor; porque Deus é quem efetua em vós tanto o querer como o realizar, segundo a sua boa vontade" (Fp 2:12-13).

Agora que você já nasceu de novo, Paulo lhe pede para desenvolver sua salvação. Em outras palavras, tenha discernimento, medite, use a cabeça, preste atenção, encare a caminhada cristã com seriedade. É Deus (o Espírito Santo) quem está trabalhando a vontade dele dentro de você. É por isso que o apóstolo pode dizer no versículo seguinte "fazei tudo sem murmurações nem contendas" (v.14). Conforme o Espírito de Deus, que está dentro de você, se ocupa em dirigi-lo de várias maneiras, operando a vontade de Deus em seu interior, você começará a aceitá-la, apesar de todos os desafios que o futuro traga.

Deus o leva a um lugar quente como um deserto e você vai sem resmungar ou lutar. Você se casou há seis meses e seu cônjuge é atingido por uma doença degenerativa que o coloca numa cadeira de rodas. Você encara isso "sem murmurações nem contendas". Embora você não entenda direito, confia que aquilo é parte do plano de Deus.

Eu poderia contar meia dúzia de histórias de pessoas que passaram por esse tipo de prova e saíram com testemunhos maravilhosos. Uma das pessoas mais conhecidas é, sem dúvida, Joni Eareckson Tada, cujo testemunho tocou a vida de milhares de pessoas. Também penso num jovem casal cristão que, nos últimos 15 anos, tem vivido situações incrivelmente difíceis. Quando tinham pouco menos de 30 anos, pais de quatro filhos, a jovem mãe recebeu o diagnóstico de esclerose múltipla. Hoje, na casa dos 30 anos, com sua condição piorando cada vez mais, eles ainda testemunham a graça de Deus "sem murmurações nem contendas". Esse é um sinal claro da atuação do Espírito Santo em suas vidas.

A direção interior do Espírito Santo nos leva a compreender a orientação de Deus, apesar de essa orientação nem sempre nos dar aquilo que chamamos de "bem-estar". Como já mencionei anteriormente, minha decisão de aceitar a presidência do Seminário de Dallas não foi fácil. Por fim, tomei-a com muita paz no coração, embora não representasse minha preferência ou escolha.

Lembra-se de minha história? Procurei todo tipo de desculpa para não aceitar a oferta que me fora feita. Lembra-se da carta de duas páginas com as razões irrefutáveis, todas pensadas cuidadosamente, cheias de passagens bíblicas? Ela teria convencido qualquer um de que eu não era a pessoa indicada para o cargo. Exceto pelo fato de que Deus estava ocupado, convencendo a eles – e depois a mim – de que *eu era* a pessoa certa. Apesar de as coisas terem acontecido contra minha vontade naquela época, não pude resistir ao direcionamento soberano e todo-poderoso do Espírito Santo.

O livro de Judas nos apresenta um exemplo maravilhoso disso: "Amados, quando empregava toda a diligência em escrever-vos acerca da nossa comum salvação, foi que me senti obrigado a corresponder-me convosco, exortando-vos a batalhardes, diligentemente, pela fé que uma vez por todas foi entregue aos santos" (Jd 3).

Judas começou a escrever a seus colegas cristãos uma carta que falava sobre a salvação, sobre a obra de Cristo completada na cruz. Este era o plano original... até que o Espírito Santo o levou a fazer a coisa inversa. "Senti a necessidade de fazer isso", admite Judas. Essa frase está sublinhada em minha Bíblia: "me senti obrigado". Isso nada mais era senão o direcionamento interior do Espírito de Deus.

De maneira similar, senti a necessidade de reconsiderar o convite para o Seminário de Dallas. Por isso posso testemunhar, a partir de uma experiência pessoal, que você pode achar que sabe perfeitamente qual é a vontade de Deus e, ainda assim, estar redondamente enganado. Mas, se estiver, o Espírito Santo vai ficar cutucando você por dentro. "O coração do homem traça o seu caminho, mas o SENHOR lhe dirige os passos" (Pv 16:9).

Não há nada errado em fazer planos. Também não é errado analisar as circunstâncias. Nada de mal em fazer gráficos, listar os prós e contras, conversar sobre o assunto. Todavia, enquanto estiver caminhando, esteja sensível ao calmo e suave direcionamento de Deus por meio de seu Santo Espírito. É mais fácil manobrar um carro em movimento. Ponha o carro em movimento e você poderá levá-lo ao posto de gasolina para abastecer. Mas é difícil tirá-lo do lugar quando está parado.

Assim, continue em seu caminho, fazendo seus planos, analisando a questão. Mas esteja aberto. Ao fazê-lo, você estará apto a sentir o direcionamento interior que vai fazer brotar pensamentos como "eu não acredito que ainda esteja interessado nisso. O que o Senhor está fazendo? Aonde ele quer me levar?"

Como diz o escritor Henry Blackaby: "Procure saber onde Deus está trabalhando e junte-se a ele!"[2] Simplesmente vá até lá. Por que você desejaria estar num lugar onde Deus não está trabalhando?

"Instruir-te-ei e te ensinarei o caminho que deves seguir", diz o Senhor. "E, sob as minhas vistas, te darei conselho" (Sl 32:8). O Espírito de Deus dentro de você está dando a direção.

Esse direcionamento interior é crucial pois, na maioria das vezes, não conseguimos distingui-lo. "Os passos do homem são dirigidos pelo Senhor; como, pois, poderá o homem entender o seu caminho?" (Pv 20:24) (Gosto disso!). Quando tudo já tiver sido dito e feito, você dirá: "Sinceramente nunca pensei nisso. Só pode ser o toque de Deus". Isso é que é mistério! Quanto mais eu vivo a vida cristã menos sei por que ele nos guia do modo como o faz. Mas o que sei é que ele nos guia.

A terceira maneira pela qual Deus nos guia é por meio de pessoas sábias, qualificadas e dignas de confiança. Não estou me referindo a nenhum guru do Tibete ou a um estranho com cara amarrada no ponto de ônibus. Estou falando de pessoas que se mostraram sábias e dignas de confiança e, portanto, qualificadas em determinado assunto. Normalmente tais indivíduos são mais velhos e maduros que nós. Além disso, eles não têm nada a ganhar ou a perder. Com freqüência isso também quer dizer que eles não fazem parte de nossa família mais próxima (os parentes próximos geralmente não querem que façamos alguma coisa que nos afaste deles ou que cause algum desconforto ou preocupação a eles ou a nós).

Uma conhecida exceção a isso é Moisés, que ouviu o sábio conselho de seu sogro Jetro (Êx 18:19-27). "Moisés, você está tentando fazer coisas demais", disse Jetro. "Você não pode fazer tudo sozinho. Precisa de ajuda." Moisés ouviu e descobriu que a vontade de Deus era que ele delegasse algumas de suas diversas responsabilidades.

Em momentos críticos de minha própria vida busquei o conselho de pessoas maduras – e raras vezes elas estavam erradas. Assim tem sido minha experiência. Mas você precisa escolher seus conselheiros com muito cuidado. Uma vez que os melhores conselheiros não fazem parte de sua família, normalmente eles também não são seus melhores amigos.

Conselheiros sábios e dignos são pessoas que querem para você apenas o que Deus também quer. Tais pessoas serão objetivas, ouvirão atentamente e responderão com vagar. Em geral, elas não darão uma resposta no momento em que você a estiver pedindo. Elas preferem meditar nela; querem de fato esmiuçá-la.

Finalmente, Deus nos guia em sua vontade dando-nos a segurança da paz interior. "Seja a paz de Cristo o árbitro em vosso coração", escreveu Paulo aos colossenses, "à qual, também, fostes chamados em um só corpo; e sede agradecidos" (Cl 3:15). A segurança da paz interior que Deus nos oferece agirá como árbitro em seu coração.

Apesar de a paz constituir-se em uma emoção, descobri que ela é extremamente reconfortante nos momentos em que lutava contra a vontade de Deus. Essa paz dada pelo Senhor vem apesar dos obstáculos ou das dificuldades, independentemente do risco ou do perigo. É quase como o modo de Deus dizer: "Eu estou no meio desta decisão... confie em mim".

A vontade de Deus para nossas vidas não é um tipo de teoria eloqüente: é uma realidade. Discutimos alguns dos pré-requisitos e exigências para seguir a vontade de Deus e vimos algumas maneiras pelas quais Deus nos orienta em direção a sua vontade. Chegamos agora à reta final: precisamos realizar sua vontade no mundo real. Em seu pequeno livro intitulado *Conhecendo Deus e Fazendo sua Vontade*, Henry Blackaby nos dá alguns bons conselhos sobre como fazer exatamente isso.

Primeiro, fazer a vontade de Deus nos leva àquilo que Blackaby chama de "crise de crença". Ela é "um ponto de conversão ou uma encruzilhada na estrada que exige que você tome uma decisão". Fazer a vontade de Deus exige uma decisão. E esta decisão exige *fé* e *ação*. Você não consegue ver o fim da estrada e, por isso, precisa confiar em Deus com fé e seguir em frente. Você precisa agir. Fé e ação são como irmãos gêmeos: as duas caminham juntas.[3]

Imagine quão difícil deve ter sido para Moisés dar o primeiro passo para dentro do mar Vermelho. Mas sua fé exigia ação. Antes de ele poder cruzar, era preciso dar o primeiro passo. E, quando ele deu, Deus abriu um caminho seco pelo mar. Blackaby escreve:

> Deus está ansioso para revelar-se a um mundo atento. Ele não o chama ao envolvimento apenas para que as pessoas vejam o que você pode fazer. Ele o chama para uma missão que você não poderá cumprir sem sua ajuda. A missão é do tamanho de Deus... Algumas pessoas dizem que "Deus nunca vai me chamar para fazer uma coisa que eu não seja capaz de realizar". Cheguei a um ponto em minha vida em que, se percebo que a missão que acredito Deus está me dando é algo que eu posso fazer, então ela provavelmente *não é* de Deus. As tarefas que Deus delegou na Bíblia são sempre do tamanho dele. Elas estavam além da capacidade das pessoas porque ele queria demonstrar sua natureza, sua força, sua provisão, sua bondade para com seu povo e para um mundo que estava assistindo a tudo. Esta é a única maneira pela qual o mundo chegará a conhecê-lo.[4]

Hebreus 11:6 nos diz que "sem fé é impossível agradar a Deus, porquanto é necessário que aquele que se aproxima de Deus creia que ele existe e que se torna galardoador dos que o buscam". Seguir a vontade de Deus significa que devemos crer que Deus é aquele que diz ser e que vai fazer aquilo que disse que faria.

Cynthia e eu éramos totalmente inexperientes quando começamos o programa *Insight for Living* por volta de 1979. Não tínhamos qualquer experiência em rádio, não entendíamos nada de mídia e literalmente não tínhamos dinheiro para pagar pelo tempo do programa no ar. Nenhum de nós sequer ouvia programas de rádio cristãos. Mas foi ali que fomos pegos pelo plano que era do tamanho de Deus.

Por duas décadas ininterruptas precisamos acreditar que Deus era quem ele dizia ser e que faria aquilo que prometera. Seremos colocados num beco sem saída, de modo que a única coisa que poderemos fazer será confiar nele. E ele se manifestará de um modo muito especial para nos dar a direção. Quando chegar o momento dos créditos, semelhante ao que vemos no final dos filmes, é o nome dele que deverá aparecer.

As missões do tamanho de Deus não requerem apenas confiança mas também grandes ajustes. Nunca vi uma exceção a essa regra: *Grandes ajustes sempre acompanham a vontade de Deus*. Passar da teoria à prática em termos da vontade de Deus significa risco e desapego. Citando outra vez o livro de Blackaby:

> Não dá para caminhar com Deus e deixar a vida como está ou manter-se estático. Esta é uma verdade que podemos encontrar em toda a Escritura. Noé não podia continuar na mesma vida e construir a arca. Abraão não podia ficar em Ur ou em Harã e ainda ser o pai de uma nação em Canaã. Moisés não poderia permanecer no deserto tomando conta dos rebanhos e comparecer diante de Faraó ao mesmo tempo. Davi precisou deixar seus rebanhos para se tornar o rei de Israel. Amós precisou deixar os sicômoros para pregar em Israel. Jonas teve de deixar sua casa e superar um enorme preconceito para pregar em Nínive. Pedro, André, Tiago e João deixaram suas redes para seguir a Jesus. Mateus precisou deixar a banca de coletor de impostos para seguir a Jesus. Saulo (mais tarde chamado Paulo) teve de mudar completamente a direção de sua vida para ser usado por Deus e pregar o evangelho aos gentios.[5]

DUAS PERGUNTAS IMPORTANTES

Deixe-me fazer-lhe duas perguntas muito sérias no momento em que fechamos este capítulo. Primeira: *O que torna o risco algo tão difícil para você?* Seja profundamente honesto com você mesmo ao responder à pergunta. Dissipe o nevoeiro de seu pensamento. Limpe o mato e as raízes profundas da tradição, dos maus hábitos ou da pura preguiça.

Para a maioria das pessoas, mudança é algo extremamente desafiador. Andar com o Senhor é um caminho arriscado e tudo dentro de nós reclama, especialmente quando vivemos em função de nosso próprio entendimento. "Deixe as coisas como estão. Não mexa em nada. Se as coisas não estão quebradas, por que consertá-las?" Às vezes precisamos de uma mudança de direção significativa – não porque estejamos necessariamente no mau caminho, mas apenas porque aquela não é a direção que Deus determinou para nós. Deus não quer que troquemos o bom pelo ótimo.

Agora, minha segunda pergunta: *Você está disposto a fazer uma mudança importante em sua vida, assumindo que ela é a vontade de Deus?* Agora estou realmente convencido de que a questão não é "o que Deus quer de mim?", mas "estou disposto a fazer isso, se ficar claro que este é o caminho?"

Antes de prosseguir para o próximo capítulo, pare e responda a essas duas perguntas. Você não estará pronto para seguir adiante até que elas estejam respondidas, exercendo assim a vontade de Deus.

Os anos que ficam para trás, com todas as suas lutas e dores, serão relembrados, no tempo devido, apenas como um caminho que o levou a uma nova vida. Contudo, uma vez que a nova vida não é totalmente sua, suas lembranças vão continuar causando-lhe dores. Você passa a ser uma vítima delas ao relembrar-se de momentos dolorosos do passado.

Henri Nouwen, *A Voz Interior do Amor*

Uma vida santa não é a conseqüência automática de ler bons livros, ouvir as fitas certas ou comparecer aos eventos adequados. É o resultado de uma união viva e apaixonada com Jesus Cristo, marcada pela disciplina piedosa.

Warren Wiersbe, *On Being a Servant of God*

4

Descobrindo a vontade de Deus

Chega de informação geral. Chegou a hora do envolvimento pessoal. A verdade é que nosso problema não é a falta de conhecimento, mas de paixão: uma relutância em fazer aquilo que acreditamos que Deus queira que façamos. Já vi pessoas que justificam sua falta de envolvimento advogando que Deus é quem faz todas as coisas. Além do mais, ele é soberano. Ele, sozinho, faz as coisas acontecer.

Em seu livro *Mais Perto de Deus,* A. W. Tozer nos apresenta esta ilustração simples mas bastante útil sobre a vontade e a soberania de Deus.

> Se, em sua liberdade absoluta, Deus quisesse limitar a liberdade do homem, quem seria capaz de levantar a mão e dizer "o que estás fazendo?" A vontade do homem é livre porque Deus é soberano. Um Deus menos que soberano não seria capaz de conceder liberdade moral a suas criaturas. Ele teria muito medo de fazê-lo.
>
> Uma ilustração talvez nos ajude a entender. Um navio a vapor sai de Nova York em direção a Liverpool. Seu destino foi traçado por pessoas capacitadas e com autoridade. Nada pode mudar isso. Esta é, ao menos, uma idéia de soberania.
>
> A bordo do navio há um número grande de passageiros. Eles não estão presos, nem suas atividades são restritas. Eles

> estão completamente livres para andar por onde quiserem. Eles comem, dormem, brincam, tomam sol no convés, lêem, conversam, fazendo tudo o que lhes agrada. O grande navio, porém, está seguindo seu rumo para um porto predeterminado.
>
> Vemos tanto a liberdade quanto a soberania presentes aqui, sem que uma se contraponha à outra. É dessa forma que vejo a liberdade humana e a soberania de Deus. O poderoso navio da soberana vontade de Deus mantém-se firme no curso sobre o mar da história. Deus caminha imperturbável e inatacável em direção ao cumprimento daqueles propósitos eternos que intentou em Cristo Jesus desde antes de os mundos existirem. Não conhecemos todos os detalhes desses propósitos, mas temos visto o suficiente, tanto para conscientizar-nos das linhas gerais do que está por vir, quanto para nos enchermos de uma boa esperança e firme certeza de nosso bem-estar futuro.[1]

Como filhos de Deus, nosso maior desejo deveria ser realizar sua vontade. E, em nossos momentos de meditação madura, queremos de fato pôr em prática seu querer. Na verdade, nos alegramos em fazer aquilo que Deus quer de nós. E, invariavelmente, ao olharmos para trás, agradecemos a Deus pelo modo como ele nos conduziu até este ponto. Ficamos maravilhados ao ver como ele nos guiou ao lugar que ele desejava que estivéssemos.

É isso o que concluímos do fato de permanecer no transatlântico da vontade de Deus: estamos ali indo aonde ele quer e sendo o que ele quer que sejamos. Isso significa abdicar de nossos próprios planos, de nossa vontade e de nosso orgulho, à medida que descobrimos seu plano e seu propósito. Esta é a questão principal. Experimentamos durante todo o processo uma profunda paz interior, uma sensação de preenchimento e satisfação, pois estamos no interior do círculo de sua vontade, movendo-nos de maneira inequívoca em direção àquilo que Deus planejou para nossas vidas.

No decorrer desse plano estamos sob a vontade absoluta de Deus, o que geralmente abrange o que é revelado nas Escrituras e deixa ocultos os fatos futuros. Participamos das partes de sua vontade nas quais temos algum papel a desempenhar. Este último aspecto é onde normalmente aparecem os conflitos, pois o processo da vontade de Deus não é passivo. Não se trata de permanecermos sentados como simples expectadores, esperando que Deus nos leve do plano A para o plano B.

Em um nível extremamente terreno, por exemplo, você está vestido hoje porque colocou roupas pela manhã. Está alimentado porque fez alguma refeição há algum tempo. Está limpo porque tomou banho ou se lavou. Chegou ao trabalho porque colocou gasolina no carro e veio dirigindo até o escritório. Chegou na hora porque levou a sério as responsabilidades inerentes a seu cargo. Se você tivesse simplesmente permanecido na cama, Deus não teria feito nenhuma dessas coisas para você.

Não podemos assumir uma postura indolente do tipo: "Deus executa todas as coisas e, se ele quiser que algo seja feito, ele, de alguma maneira, o realizará". Há momentos, é claro, em que chegamos a ponto de dizer "daqui para frente deixo nas mãos de Deus". Mas isso só acontece quando se chega ao ponto de decisão entre o que ele quer fazer e o que eu quero fazer.

No capítulo anterior afirmei que seguir a vontade de Deus exige fé e ação, o que, por sua vez, envolve risco e desapego. É aqui que as coisas se tornam muito pessoais. É neste ponto que perseveramos e descobrimos a vontade de Deus.

Cheguei à seguinte conclusão: fazer a vontade de Deus raramente consiste em uma tarefa fácil e simples. Ao contrário, ela é sempre difícil e conturbada. Ou, voltando a meu termo favorito, é *misteriosa*. Por não sabermos aonde Deus está nos levando, precisamos abdicar de nossa vontade em favor da dele – e a maioria das pessoas não está muito disposta a se curvar dessa maneira. Preferimos resistir. É por isso que a vida cristã é sempre tão cheia de lutas. Não estou dizendo que ela seja uma maratona de misérias. É simplesmente uma luta entre a nossa vontade e a vontade de Deus. Um dia, quando nos virmos face a face com o Senhor, na Glória, seremos tudo aquilo que sempre desejamos ser. Até lá, viveremos nesta tensão incessante de dar e tomar, puxar e empurrar.

Precisamos de fé e ação para seguir a direção de Deus quando deparamos com uma bifurcação na estrada. Essa é a crise de crença que mencionei no fim do capítulo anterior. Trata-se de um momento decisivo, no qual devemos tomar posição. É como aquelas placas que aparecem na estrada: "BR 101, Sul, Norte", com setas apontando para as duas saídas. Você está viajando despreocupado, a 120 km/h quando, de repente, precisa decidir: qual caminho? Sul? Norte? Qual dos dois? Só uma das duas vai levá-lo aonde você quer ir. Portanto, você precisa decidir. Você também pode tentar ir nas duas direções ao mesmo tempo, mas isso vai doer bastante.

Jonas experimentou esse tipo de crise de crença quando Deus lhe disse "vá para Nínive". Apesar de ser um profeta de Deus, seu preconceito e sua intolerância interpuseram-se entre ele e a vontade de Deus.

Nínive era a capital da Assíria. Jonas desprezava os ninivitas porque eles eram pagãos, cheios de idolatria e violência. "Vá e pregue a mensagem ali", disse Deus a Jonas. Seu mapa estava marcado corretamente: Deus já lhe dera a direção a seguir, mas Jonas ainda precisava tomar uma decisão: fazer ou não a vontade de Deus. Jonas pensou: "de jeito nenhum", e tomou o primeiro navio para Társis, que ficava na direção oposta, o que equivale dizer que você mora em São Paulo e quer ir para Porto Alegre passando por Fortaleza (tentador, não?).

Deus recusou-se a ignorar a desobediência do profeta. Colocou uma série de obstáculos no caminho – uma tempestade violenta e uma experiência de quase-morte na barriga de um peixe – e deu a Jonas outra chance.

Jonas foi vomitado pelo peixe e, enquanto estava lá na praia, tomando fôlego, Deus repetiu sua vontade: "Vá para Nínive".

Outra pessoa que deparou com uma crise de crença foi Sara, a esposa de Abraão. "Você terá um filho", prometeu Deus. Muitos anos se passaram e ela não se convenceu. Finalmente decidiu assumir o controle de seu próprio destino. Então disse a Abraão: "Vá até minha criada Hagar e tenha um filho com ela". Decisão tola. Em vez de esperar pelo plano e o tempo de Deus, correu na frente e empurrou Hagar para dentro da tenda de Abraão. E, para complicar mais as coisas, Abraão cooperou. O resultado chamou-se Ismael e todos nós sabemos o que isso provocou. O conflito que resultou dos descendentes de Ismael e os descendentes de Isaque só se intensificou com o passar dos séculos. Os árabes e os judeus continuam em conflito até hoje.

"Deixar sua posição e chegar até onde Deus está exige grandes ajustes", diz Henry Blackaby. "Estes ajustes podem estar relacionados com opinião, circunstâncias, relacionamentos, compromissos, ações e/ou crenças". A esta lista eu adicionaria geografia, tanto física quanto espiritual, pois, como adverte Blackaby, "você não pode ficar onde está e ao mesmo tempo seguir com Deus".[2]

É nesse ponto que sentimos um pouco daquela tendência natural e que surge uma pequena inquietação. *Bom, mas e a minha família?*, pensamos. *E minha mãe? Ela precisa de mim por perto*. Ou *finalmente encontrei uma igreja muito boa nesta área. Não estou disposto a me mudar.*

Lembro-me de Tom e Sue Kimber. Ambos participaram de nosso ministério *Insight for Living* por muito tempo. Então, num verão, eles decidiram fazer um curso intensivo na China. Ali começaram a refletir: *será que é isso o que Deus quer de nós? É aqui que ele nos quer?* Eles amavam o sul da Califórnia, onde também se encontravam suas famílias e sua igreja. Além disso, eles não sabiam uma palavra de chinês. Deus realmente chamaria os dois e seu filho, Thomas, para um lugar tão distante e uma cultura tão diferente?

Bem, para encurtar a história, Deus queria. E é lá onde eles estão hoje. Vivendo numa cultura que lhes é totalmente estranha. Alcançando pessoas que falam um idioma completamente diferente. Sou incapaz de imaginar um casal e seu filho fazendo algum ajuste maior do que este. Mas adivinhe só. Eles estão felizes da vida. Por terem tomado a saída correta da estrada, com uma atitude radical, eles voluntariamente se desapegaram de tudo, se arriscaram e receberam com alegria o plano e todo o processo que Deus fizera para suas vidas.

Você pode estar pensando como é que eles conseguiram fazer isso. A resposta é fácil... mas é difícil de pôr em prática. É aqui que a fé entra na equação. "De fato, sem fé é impossível agradar a Deus, porquanto é necessário que aquele que se aproxima de Deus creia que ele existe e que se torna galardoador dos que o buscam" (Hb 11:6).

Fé significa acreditar que Deus é quem diz ser e que fará o que prometeu. Fé quer dizer obedecer a Deus quando não tenho certeza dos resultados. Fé é confiar em Deus quando tudo dentro de mim pede uma prova cabal: "Mostre-me. Dê-me a evidência. Quero isso num tubo de ensaio. Coloque-a num microscópio. Prove-a. Preciso do quadro apresentado por inteiro. Quando eu o vir, então seguirei".

Deus quer que andemos pela fé, não pela vista. Mas só nos sentimos confortáveis quando podemos ver o que está adiante, o que está atrás e ao redor de nós. Queremos provas. Queremos garantias. É por isso que gostamos de contratos. Dizemos que queremos tudo por escrito. Quero uma garantia. Preferimos o que podemos ver à fé. Fé em excesso faz muitos crentes ter urticária.

Preferimos falar a agir. Podemos conversar sobre a vontade de Deus por horas a fio pois, ao fazê-lo, não precisamos cumpri-la. Embora não admitamos, nós nos apegamos àquilo que nos é familiar – não queremos nos separar daquelas coisas. Gostamos mais do previsível que do arriscado. Mas Deus no diz "se você quer me agradar, vai ter de confiar na minha Palavra neste assunto. Terá de acreditar que eu sou quem eu disse que sou e que vou fazer aquilo que eu disse que faria". Sendo muito franco, nós duvidamos dessa afirmação!

Raramente vemos a palavra "impossível" na Bíblia. Mas aqui Deus está dizendo "sem fé é impossível agradar a Deus".

Deus adora quando confiamos nele sem exigir uma imagem panorâmica diante de nós. Mas confiar nele não é garantia de que as coisas serão simples e fáceis. Realizar a vontade de Deus pode ser difícil e complicado. Às vezes ficamos literalmente perdidos para saber o que Deus vai fazer, mas sabemos que permanecer estáticos não é seu plano. Isto é difícil, pois sabemos que ele está prestes a fazer alguma coisa. Queremos nos engajar na tarefa, mas nos vemos impacientes, tentando descobrir o que vai acontecer. Estamos de volta ao mistério da vontade de Deus.

Felizmente Deus nos deu muitos exemplos de homens e mulheres que viveram pela fé e não pelo que viram. Há modelos históricos de fé e ação, desapego e risco. Eles também nos preparam para algumas das maiores dificuldades que vamos encontrar quando descobrimos a vontade de Deus para nossas vidas.

FAZER A VONTADE DE DEUS PODE PERTURBAR OUTRAS PESSOAS

O capítulo 11 de Hebreus, conhecido como a galeria dos heróis da fé, registra pelo menos uma dúzia de pessoas que foram exemplo de fé e ação, desapego e risco. Quero me deter em quatro desses exemplos reais de pessoas que fizeram a vontade de Deus pela fé, mas descobriram que isso não é fácil, nem simples e muito menos confortável. A primeira pessoa é Abel.

> Pela fé, Abel ofereceu a Deus mais excelente sacrifício do que Caim; pelo qual obteve testemunho de ser justo, tendo a aprovação de Deus quanto às suas ofertas. Por meio dela, também mesmo depois de morto, ainda fala.
>
> Hebreus 11:4

Caim e Abel eram filhos de Adão e Eva. Abel era pastor e Caim, agricultor. Ambos trouxeram ofertas a Deus. Caim trouxe um pouco de sua colheita, mas Abel trouxe a melhor parte de seu rebanho. Um comentarista diz o seguinte: "O contraste não está entre uma oferta de vida vegetal e de vida animal, mas entre uma oferta descuidada e imprudente e uma oferta generosa e voluntária. A motivação e a atitude do coração são tremendamente importantes, e Deus olhou com favor para Abel e sua oferta por causa da fé de Abel".[3]

Enfurecido por Deus ter aceitado a oferta de seu irmão e ter rejeitado a sua, Caim assassinou o irmão de forma violenta.

Haverá ocasiões em que, por fazer a vontade de Deus, você vai perturbar ou entristecer sua família. Isso pode levar a uma grande pressão, turbulência emocional, palavras ásperas e até mesmo reações hostis contra você. Todavia, lembre-se de que você não está neste mundo, como filho de Deus, para agradar aos membros de sua família.

Devo acrescentar, porém, que não estamos aqui para deixar os membros de nossas famílias nervosos. A motivação deve ser o fiel da balança nestes assuntos. Entre as duas opções, queremos ser tão comprometidos com nosso Pai celestial que sabemos de maneira clara e inconfundível qual é seu plano. Não estamos aqui especificamente para agradar nossos filhos e nossas filhas ou nossos pais e mães. Nossa família pode estar errada em alguns momentos.

Sei disso por experiência própria. Há cerca de quarenta e cinco anos, meus pais não estavam convictos de que Cynthia era a melhor moça para mim. Eles eram sinceros... mas, naquele assunto, estavam errados. Se eu lhes tivesse dado ouvido, não teria me casado com a mulher que eu deveria ter casado (comemoramos há pouco tempo nosso 44º aniversário de casamento. Ele ainda está bem!).

Não obstante, se os pais forem cristãos e estiverem andando com o Senhor, na maioria dos casos eles serão excelentes conselheiros. Mas eles não andam sobre as águas. Às vezes os pais podem ter uma visão limitada e egoísta. Isso também é verdadeiro com relação a outros membros da família; em alguns momentos, sua família mais próxima representa a parte mais difícil de sua obediência à vontade de Deus. Eles podem ficar até mesmo ressentidos ou bravos quando discordam das decisões que você toma com relação a sua vida.

No entanto, quando surge a crise de crença, a fé e a obediência devem prevalecer. Desapego e risco são necessários. O mais importante e fundamental é que façamos a vontade de Deus. Isso é 110% de obediência!

Pais, aqui vai uma palavra direta a vocês sobre este assunto. Temos duas funções muito importantes como pais: (1) criar nossos filhos com cuidado e atenção e (2) liberá-los totalmente. Depois que crescem, os filhos não precisam de nossa supervisão constante ou de nosso conselho em todas as situações.

Cynthia e eu aprendemos da pior maneira que nossos filhos adultos recebem melhor nosso conselho quando pedem por ele. Às vezes aconselhamos a quem não nos pediu conselho ou damos respostas para perguntas que não nos foram feitas. Portanto, precisamos esperar que eles perguntem. Em algumas ocasiões eles perguntam; o mais comum é não perguntarem.

Isso faz parte da tarefa de criar filhos e, admitamos, é a pior parte, pois, independentemente da idade deles, você não pára de se preocupar ou de cuidar, especialmente quando achamos que eles estão tomando decisões erradas. No entanto, mais uma vez o que funciona aqui é a fé, não o que se pode ver. Simplesmente entregue-os nas mãos de Deus e descanse na confiança de que ele está realizando seu plano na vida deles, assim como na sua.

FAZER A VONTADE DE DEUS PODE LEVAR A UM FINAL SURPREENDENTE

Enoque é o exemplo seguinte de fé. Assim o autor de Hebreus se refere a ele: "Pela fé, Enoque foi trasladado para não ver a morte; não foi achado, porque Deus o trasladara. Pois, antes da sua trasladação, obteve testemunho de haver agradado a Deus" (Hb 11:5).

Em Gênesis 5 aprendemos que, aos 65 anos, Enoque teve um filho, cujo nome era Metusalém. Daquele momento em diante, Enoque "andou com Deus". Ele fez isso por 300 anos e, então, "não foi achado, porque Deus o trasladara". É surpreendente vermos que aquele homem foi levado diretamente à presença de Deus sem passar pela experiência da morte.

Nos dias atuais, morrer aos 365 anos de idade não pode ser considerada uma morte prematura; porém, em comparação com o tempo que as pessoas viviam naquela época (o filho de Enoque, Metusalém, viveu 969 anos), Enoque não passava de um jovem quando foi trasladado por Deus.

Às vezes uma vida memorável de obediência é marcada por uma morte prematura. Em meados da década de 50 cinco jovens sentiram que Deus os estava orientando a evangelizar os índios Auca, no Equador. Jim Elliott, Nate Saint, Roger Youderian, Ed McCully e Peter Fleming decidiram engajar-se na missão de levar as boas-novas de salvação àquela tribo hostil de caçadores de cabeça.

Todos os cinco rapazes foram achados nas proximidades do rio Curaray com lanças atravessadas nos corpos. Num lugar não muito distante foi encontrado seu avião, destruído como um grande pássaro que invadira o território inimigo e ameaçara a tribo. Os aucas não entenderam que aqueles homens não queriam fazer-lhes nenhum mal nem que haviam matado cinco homens piedosos.

Mais tarde, Elisabeth Elliott, a viúva de Jim Elliott, juntamente com sua filha pequena, e Rachel Saint, irmã do piloto Nate Saint, voltaram àquele lugar cheio de lembranças horríveis para elas e levaram os próprios assassinos de seus parentes a conhecer o Senhor.

Em janeiro de 1958, eu era um jovem fuzileiro naval, ressentido e desiludido por ter de servir em terras distantes. Estava visitando meu irmão Orville em Pasadena, na Califórnia, e quando me preparava para voltar a Camp Pendleton, antes de embarcar no navio das tropas, meu irmão me disse:

— Charles, aqui está um livro que eu gostaria que você lesse.

— Não estou interessado em leitura — eu disse.

— Não perguntei se você está interessado ou não. Eu quero que você leia este livro.

— Não vou ler livro nenhum.

Ele enfiou o livro em minha mochila e disse:

— Depois que você começar, não vai querer largar dele.

Mais tarde, lá estava eu sentado no ônibus, olhando pela janela molhada pela chuva daquele dia frio e úmido de janeiro. Estava sozinho, desiludido, desapontado e meio sem esperança com relação à vida. As unidades da Marinha não permitiam que as esposas acompanhassem seus maridos em missões no exterior e, por isso, Cynthia ficara em Houston. Como Deus pôde permitir que eu e minha esposa ficássemos separados assim? Tentando não pensar naquele cenário depressivo e buscando afastar meus pensamentos daquela tristeza toda, tirei da mochila o livro que meu irmão me dera.

O livro se chamava *Through Gates of Splendor* e fora escrito por Elisabeth Elliott. Aquele livro contava a história daqueles cinco homens e seu chamado para pregar aos aucas. Ler aquele livro realmente mudou meu modo de pensar. Meu irmão estava certo. Não conseguia parar de ler.

Quando retornei a Camp Pendleton, li-o sentado no banheiro, pois era o único lugar que ficava iluminado durante toda a noite. Permaneci ali sentado a noite toda, até concluir a leitura. Durante a viagem de 17 dias no navio das tropas, li o livro novamente. No período que passei em Okinawa, fiz a terceira leitura.

No decorrer dos anos tive o privilégio de me encontrar com a maioria das viúvas daqueles cinco homens e ouvi-las contar a história, com lágrimas em seus olhos. Disse a Elisabeth Elliott que foi por meio daquele livro e do testemunho daqueles homens que Deus mudara meu coração em direção ao ministério e missões. Quem sabe quantas outras dezenas de milhares de pessoas não foram afetadas pela vida daqueles cinco jovens cuja fé era tão profunda que os fez andar próximos de Deus a ponto de o Senhor dizer "agora vocês virão para perto de mim"?

Quando penso nisso, lembro-me de outro jovem, Kris Boring, que se formou como um dos melhores alunos do Seminário de Dallas. Kris foi o orador de sua turma de formatura no colegial, o primeiro da classe na faculdade e um brilhante aluno do seminário. Em maio de 1997, no dia da formatura, entreguei a ele o diploma de mestre em teologia. Certos de que Deus os queria servindo no campo missionário, Kris e sua noiva foram juntos conhecer um lugar. Enquanto estavam lá, Kris contraiu um vírus e, em pouco mais de duas semanas, estava morto. Ele tinha 28 anos de idade.

Lembro-me do que ele me disse logo depois da formatura: "Mal posso esperar. Agora já tenho condições de ir. Estou totalmente preparado". E, de modo surpreendente... e misterioso, Deus o levou.

Talvez por causa da morte prematura de Kris muitas pessoas despertaram para o plano de Deus para suas vidas. Não sei. Não sou capaz de imaginar essas coisas. É outro mistério. Mas os Enoques modernos, como Jim Elliott e Kris Boring ainda caminham com Deus – e Deus os toma segundo *seu* propósito.

Há momentos em que a vida de obediência de uma pessoa é marcada por uma morte prematura. Lembre-se disso quando o assunto for seu lar. Isso vai ajudar a se livrar de perguntas como "Por quê?" e "Como pôde fazer isso, Senhor?"

Durante o culto fúnebre de Kris pude ouvir um a um dos alunos dizerem como a morte daquele jovem reafirmara em suas mentes a importância de servir a Cristo com uma devoção ainda maior. Quem sabe eles não teriam visto a vontade de Deus tão claramente não fosse a morte de Kris? Tudo o que sei é que "preciosa é aos olhos do SENHOR a morte dos seus santos" (Sl 166:15).

FAZER A VONTADE DE DEUS PODE SER SINÔNIMO DE PERSEGUIÇÃO

Nosso próximo modelo de fé e ação, desapego e risco é Noé.

> Pela fé, Noé, divinamente instruído acerca de acontecimentos que ainda não se viam e sendo temente a Deus, aparelhou uma arca para a salvação de sua casa; pela qual condenou o mundo e se tornou herdeiro da justiça que vem da fé.
>
> Hebreus 11:7

Noé não foi apenas o construtor da arca. Antes do dilúvio, ele fora "pregador da justiça" (2 Pe 2:5) e um homem que "achou graça diante do Senhor" (Gn 6:8).

Entre o momento em que Deus disse a Noé que haveria um dilúvio e as primeiras gotas de chuva passaram-se 120 anos. Assim, por um século e um quinto – isso é muito mais do que a imensa maioria de nós vai viver –, Noé esteve construindo a arca e preparando-se para o julgamento de Deus.

> Viu o SENHOR que a maldade do homem se havia multiplicado na terra e que era continuamente mau todo desígnio do seu coração.
>
> Gênesis 6:5

Mas Noé era diferente. Ele estava sensível a Deus: ouvira a mensagem do Senhor. Deus informou a Noé sobre seus planos: o mundo seria destruído por um dilúvio. Depois disso, pela fé, durante 120 anos Noé seguiu a orientação de Deus. Ele reuniu o material, construiu a arca, provavelmente servindo de ridículo para todos a sua volta. Além de tudo, tratava-se de um mundo que não conhecia a chuva, pois a terra era regada a partir do chão.

Enquanto construía a arca, Noé pregou justiça a todos os que o cercavam. "O dilúvio vai chegar. O julgamento está próximo." Cercado e ridicularizado por seus contemporâneos depravados, ímpios e de comportamento reprovável, este pregador da justiça e fé permaneceu firme diante da tendência de sua cultura.

Às vezes nossa fé se assemelha tanto a uma repreensão àqueles que nos cercam que terminamos sofrendo perseguição por causa dela. Não vou cobrar nada por este conselho adicional: não espere apoio e aprovação unânimes simplesmente porque você optou por andar pela fé. A história está repleta de exemplos.

No século XIV havia um distinto professor de divindade na Universidade Oxford que, por causa de sua fé, era "considerado um instrumento do diabo... o autor do cisma". Ele foi virtualmente forçado a um exílio determinado pelo papa em vista de uma hipócrita aliança da igreja e das autoridades da Igreja Católica Romana.

É claro que estou me referindo a John Wycliffe, aquele que chegou a ser o orgulho da Universidade de Oxford, o mais destacado erudito de seu tempo (de acordo com mais de um biógrafo) e, com certeza, o mais influente pregador da Inglaterra naquele período. Mas ele não conseguia mais ficar sobre a torre de marfim do conhecimento acadêmico sabendo que o papado estava corrompido e que o povo fora deixado na ignorância sem a Bíblia traduzida em sua própria língua.

É difícil entender isso. Nossas prateleiras estão repletas de inúmeras versões e paráfrases das Escrituras em nosso idioma e em diversas outras línguas, em todo tamanho, tipo, encadernação e formato. Mas naqueles dias não havia uma cópia sequer da Bíblia em inglês. Ela só estava disponível na língua do clero, o latim, e os exemplares ficavam presos por correntes aos púlpitos das catedrais. Incapazes de ler por si mesmos a palavra de Deus, as pessoas estavam à mercê dos líderes da igreja, os quais com freqüência se apoiavam na ignorância do povo para manipular a opinião pública.

Wycliffe disse: "Isto não está certo. As pessoas deveriam ter acesso à Bíblia em seu próprio idioma". E, como Noé, que cravava os pregos na arca enquanto as pessoas zombavam e escarneciam dele, Wycliffe deu início à tarefa de traduzir as Escrituras enquanto um dilúvio de perseguição se derramou sobre ele. Foi publicamente declarado herege.

Ao terminar a tradução das Escrituras, Wycliffe escreveu as seguintes palavras na folha de rosto da primeira cópia da Bíblia em inglês: "Esta Bíblia está traduzida e tornará possível um governo do povo, pelo povo e para o povo".[4] (Cinco séculos depois, o 16º presidente dos Estados Unidos, Abraham Lincoln, tomou emprestada essa afirmação em seu discurso em Gettysburg.)

Trinta anos depois de sua morte, Wycliffe foi novamente declarado herege. Por causa disso, seu corpo foi exumado, os ossos foram queimados até as cinzas, e estas jogadas num rio. Um historiador contemporâneo descreve a cena do seguinte modo:

> Queimaram seus ossos até as cinzas e as jogaram no Swift, um riacho que corria nas redondezas. Aquele riacho conduziu as cinzas até o rio Avon. Do Avon, elas foram para Severn, de Severn até a costa e, dali, para o mar aberto. Assim, as cinzas de Wycliffe se tornaram o emblema de sua doutrina, a qual está hoje espalhada pelo mundo inteiro.[5]

Com traços semelhantes, Harry Emerson Fosdick escreve estas eloqüentes palavras: "Seus inimigos, que pensavam que o haviam exterminado, não previam o veredicto da história: 'As águas do Avon para o Severn correrão / e do Severn irão para o mar; / E as cinzas de Wycliffe se espalharão / até onde as águas podem chegar'."[6]

Neste momento, sua vida de fé, vivida na cultura da depravação contemporânea, pode não parecer assim tão significativa. Viver sua fé no escritório, na universidade ou na escola pode parecer bastante solitário. Andar pela fé e honrar o Senhor na fábrica, no exercício da profissão ou nas forças armadas pode, às vezes, parecer fútil. É fato que, durante a vida, talvez você nunca venha a compreender a importância de sua caminhada de fé. Mas Deus vai usá-lo no plano especial que ele traçou para sua vida, assim como fez com John Wycliffe e tantos outros.

Visitei o castelo onde Lutero se escondeu enquanto traduzia a Bíblia para o alemão popular. Olhei pela janela e pensei no período que Lutero esteve ali sentado, exercendo fielmente a tarefa que se propusera cumprir, sabendo que, se os líderes da igreja o descobrissem, com certeza seria condenado à morte. Wycliffe, Lutero, Calvino, Savonarola, Knox, Wesley, Whitefield, Edwards..., a lista continua, chegando até os dias de hoje. Enquanto o mundo zombava, Deus os honrava. E isso continua acontecendo.

Não é apenas por que algo representa a vontade de Deus que o povo vai compreender. Ao contrário, a maioria nunca o faz. Mas isso é parte do mistério. A fé leva à ação, exigindo desapego e risco.

FAZER A VONTADE DE DEUS SIGNIFICA TROCAR O FAMILIAR PELO DESCONHECIDO

Poucas pessoas representam o "deixar o que é familiar" mais do que Abraão.

> Pela fé, Abraão, quando chamado, obedeceu, a fim de ir para um lugar que devia receber por herança; e partiu sem saber aonde ia. Pela fé, peregrinou na terra da promessa como em terra alheia, habitando em tendas com Isaque e Jacó, herdeiros com ele da mesma promessa; porque aguardava a cidade que tem fundamentos, da qual Deus é o arquiteto e edificador.
>
> Hebreus 11:8-10

Abraão passara toda sua vida em Ur dos Caldeus, assim como seu pai. Ele tinha raízes longas e profundas naquele lugar. Então, quando estava com 75 anos (imagine só!), Deus falou a Abraão para sair de sua terra natal "para a terra que te mostrarei" (Gn 12:1).

Lá está ele, com idade avançada, junto com sua esposa, Sara, apenas dez anos mais nova que ele, vivendo juntos uma vida confortável. De repente, Deus aparece e invade seu ninho. A vontade de Deus é pronunciada claramente: "Saia!"

Agora, imagine a cena. Abraão e Sara não tinham filhos, mas tinham muitos familiares e amigos. Um dia Abraão fala para todos:

— Estamos de mudança.

— Nessa idade? — disseram eles. — Por que você faria uma coisa dessas?

— Bom, foi Deus quem pediu.

— Ótimo, e aonde vocês vão?

— Bem, ele não disse. (Imagine a reação.)

Então, carregaram os camelos, colocaram nas carroças tudo o que lhes pertencia e começaram a deixar Ur. O relato bíblico é bastante claro: Abraão saiu "sem saber aonde ia" (Hb 11:8).

Abraão era um homem relativamente rico e o vemos agora habitando em tendas, vivendo como estrangeiro, "porque aguardava a cidade que tem fundamentos, da qual Deus é o arquiteto e edificador" (gosto muito desta descrição de Hebreus 11:10).

Ali, no meio do nada, de repente, sem nenhum detalhe, Deus disse: "Saia. Depois eu digo aonde você vai". E Abraão obedeceu, saindo "sem saber aonde ia". Isso é que é desapego e risco.

Lembro-me do comentário de John Henry Jowett: "Ministério que não custa nada não chega a lugar nenhum".[7] Lembre-se disso nesta era de graça barata. Na verdade eu sugiro que você memorize esta frase: "Ministério que não custa nada não chega a lugar nenhum".

Abraão pagou o preço do conforto e da familiaridade com o propósito de fazer a vontade de Deus. Este é um clássico exemplo da crise de crença e da necessidade de grandes ajustes, de fé e ação, de desapego e risco.

Descobrir a vontade de Deus e depois cumpri-la pode exigir que você deixe o familiar e confortável.

No livro de meu amigo Warren Wiersbe, *Walking with the Giants*, um dos gigantes sobre o qual ele escreve é Hudson Taylor, outro de nossos heróis da fé.

> Um dos moderadores da igreja presbiteriana de Melbourne, Austrália, usou toda a sua eloqüência para apresentar o orador, um missionário visitante, usando como fechamento de sua apresentação à congregação as palavras "nosso ilustre convidado". Ele não estava preparado para a primeira frase de James Hudson Taylor: "Queridos amigos, sou apenas um pequeno servo do ilustre Mestre".
>
> Cerca de vinte anos antes, Hudson Taylor escrevera as seguintes palavras num editorial: "Todos os gigantes de Deus foram homens fracos que realizaram grandes feitos para o Senhor porque confiavam que Deus estava com eles". Ao olhar

para si mesmo, Hudson Taylor não via nada além de fraqueza. No entanto, ao estudar a vida de Taylor, as gerações de cristãos perceberam que se tratava de um homem que ousou crer na Palavra de Deus e, pela fé, levou o Evangelho ao interior da China – e viu Deus operar maravilhas![8]

"Querer ter os pés firmes no chão", dizia Hudson Taylor, "é a raiz de quase todos os nossos pecados e nossas fraquezas".[9]

O homem tinha 33 anos quando fundou a Missão do Interior da China, em 27 de junho de 1865. Com este ato, ele se tornou o primeiro homem a levar o evangelho ao povo daquela terra. Taylor deixou sua família e sua casa confortável na Inglaterra e andou com Deus como estrangeiro numa terra que o Senhor colocara em seu coração.

Descobrir e receber bem a vontade de Deus vão invariavelmente nos levar a uma crise de crença. E isso nos leva à fé e à ação.

Obedecer à vontade de Deus e alegrar-se com ela conduz a alguns grandes ajustes. E isso exige desapego e risco: afastar-se do familiar e arriscar-se diante de tudo o que o futuro possa trazer. Isso é que é viver a vontade de Deus até as últimas conseqüências.

Quanto mais caminhamos com o Senhor, mais percebemos que não temos idéia do que o dia seguinte poderá nos trazer. Um telefonema no meio da noite pode nos tirar toda a alegria. De repente, tudo muda. É impressionante o que uma batida na porta pode trazer ou o que a abertura de uma carta pode fazer.

Não digo tais coisas para criar medo em nossos corações, mas simplesmente para que nos lembremos de que só Deus conhece nosso futuro. E não existe um lugar mais seguro, melhor ou mais gratificante do que o centro da vontade de Deus, independentemente de qual seja ela.

Apesar de todas as nossas lutas, há uma coisa dentro de nós, lá no fundo de nossos corações redimidos, a qual clama por conhecer o sorriso de Deus, sua recompensa e a alegria de seguir na obediência. Nada se compara a isso. Nenhum salário nos oferece tal coisa; nenhum dinheiro pode comprá-la; nenhum bem material pode substituí-la. Só saber que agradamos nosso Pai já é suficiente.

Deus não está brincando de esconde-esconde a nosso redor, zombando ou se divertindo à nossa custa enquanto nos contorcemos no calabouço da confusão. De muitas maneiras, sua vontade se torna clara a nós enquanto passamos pelo processo que estamos considerando. Mas temos de estar dispostos a andar pela fé, o que significa fazer a vontade de Deus mesmo diante dos obstáculos aparentemente intransponíveis.

Somos apenas seres humanos finitos. Podemos ver apenas o presente e o passado. O futuro nos é um pouco assustador. É por isso que precisamos segurar nas mãos de Deus e confiar que ele acalmará nossos temores. E, naqueles momentos em que somos teimosos e resistentes e Deus chacoalha nossos ombros para chamar nossa atenção, somos lembrados de que não temos poder sobre nada, de que Deus tem um plano para nós, misterioso como possa ser, e que desejamos estar no meio dele.

Apesar de todos os riscos, este ainda é o lugar mais seguro do mundo para estar.

Aprendamos, portanto, a regra e a ordem que Deus costuma usar ao guiar os santos. Pois eu também, não raro, tento prescrever certos métodos para Deus empregar na administração, tanto da igreja quanto de outros assuntos. Ah, Senhor – digo eu –, gostaria de ver este assunto resolvido desta maneira, nesta ordem e com este resultado... mas Deus faz exatamente o oposto daquilo que lhe pedi.

Martinho Lutero, *What Luther Says*

Em muitos aspectos, ainda queremos definir nossas próprias atividades. Você age como se tivesse de escolher entre muitas coisas que, aparentemente, possuem todas o mesmo grau de importância. Mas você não se rendeu por completo à orientação de Deus. Você continua lutando com Deus para saber quem está no controle.

Henri Nouwen, *A Voz Interior do Amor*

O controle é uma ilusão, seu egoísta infantil! Ninguém controla coisa nenhuma.

Nicole Kidman e Tom Cruise em *Dias de Trovão*

5

Outro mistério profundo: a soberania de Deus

No verão de 1961 minha vida foi mudada. Eu já era cristão. Na verdade, tudo aconteceu quando eu estava entre o segundo e o terceiro ano do seminário, atolado em estudos teológicos. Naquele verão, fui convidado a estagiar numa igreja ao norte da Califórnia, a Peninsula Bible Church, o que fiz, juntamente com outro rapaz chamado Gib Martin. Durante aquele período de três meses, Gib, ainda solteiro naquela época, morou comigo e Cynthia.

Naquela época, eu lutava com uma das mais profundas verdades da Palavra de Deus. Quando se está num curso superior trabalhando intensivamente num texto bíblico, é preciso atracar-se e chegar às "vias de fato" com certas verdades. Você não pode deixá-las na gaveta das "questões não resolvidas". Uma de minhas maiores batalhas daqueles tempos foi com a soberania de Deus.

Sou franco em dizer que aquela doutrina me assustava. Já vira alguns amigos próximos levarem a soberania de Deus a extremos tão ridículos que eles ficaram desequilibrados... na minha opinião, beirando o herético.

Em um nível prático, estava envolvido em diversas questões em minha própria vida que pareciam estar relacionadas. Cynthia e eu não estávamos certos quanto a nosso futuro. Estávamos casados havia seis anos e, embora nosso casamento não fosse frágil, não era sólido como deveria. Cynthia estava esperando nosso primeiro filho, e a iminência da paternidade nos deixava um tanto ansiosos. Nenhum de nós viera de lares com bons modelos de paternidade a serem seguidos. Eram bons lares e nós os amávamos, mas muito do processo de paternidade estava ausente, pelo menos segundo nossa perspectiva.

Tudo isso estava me perturbando, além de outras questões menores. Então, decidi que, naquele verão, eu iria me aprofundar de fato num livro da Bíblia, preferivelmente em um com doze capítulos, de modo que se encaixasse com as doze semanas que eu tinha de férias do seminário. Escolhi o livro de Daniel. Nunca havia estudado seriamente aquele livro sozinho, de modo que me decidi a passar a maior parte de meu período devocional matutino debruçado sobre o capítulo daquela semana.

Foi na quarta semana na Peninsula Bible Church em Palo Alto, Califórnia, justamente quando estava no quarto capítulo de Daniel, que deparei com uma verdade que transformou meu modo de pensar e, na verdade, minha vida.

Apenas para situar, Daniel 4 começa com um diálogo e termina com um monólogo. O capítulo gira em torno de um sonho. Nabucodonosor, rei da Babilônia, teve um sonho que o perturbou. Nenhum de seus sábios foi capaz de interpretá-lo, o que o levou a procurar um profeta judeu chamado Daniel. Este não apenas interpretou o sonho, mas também exortou o sonhador.

Nabucodonosor era um homem orgulhoso, um governador com mão-de-ferro. Tudo o que ele precisava fazer era virar o polegar para baixo, e Daniel viraria história. Ele era o monarca soberano da Babilônia, humanamente falando. Mas Daniel teve a coragem divina de olhar Nabucodonosor nos olhos, como faziam os verdadeiros profetas, e dizer-lhe a verdade. Ao interpretar o sonho, Daniel desafiou o rei a fazer alguma coisa com relação à verdade que o sonho retratava:

> Esta é a interpretação, ó rei, e este é o decreto do Altíssimo, que virá contra o rei, meu senhor: serás expulso de entre os homens, e a tua morada será com os animais do campo, e dar-te-ão a comer ervas como aos bois, e serás molhado do orvalho do céu; e passar-se-ão sete tempos por cima de ti, até que

> conheças que o Altíssimo tem domínio sobre o reino dos homens e o dá a quem quer. Quanto ao que foi dito, que se deixasse a cepa da árvore com as suas raízes, o teu reino tornará a ser teu, depois que tiveres conhecido que o céu domina. Portanto, ó rei, aceita o meu conselho e põe termo, pela justiça, em teus pecados e em tuas iniqüidades, usando de misericórdia para com os pobres; e talvez se prolongue a tua tranqüilidade. Todas estas coisas sobrevieram ao rei Nabucodonosor.
>
> Daniel 4:24-28

Ainda sinto um arrepio subindo pela espinha quando leio esses versículos e penso naquela manhã de verão em Palo Alto. Lembro-me, como se fosse hoje, de pegar um lápis de minha mesa e sublinhar duas linhas com frases quase idênticas. No versículo 25, o termo "até que conheças" e, no 26, "depois que tiveres conhecido".

Na essência, Daniel está dizendo "tudo isso vai acontecer-lhe, Nabucodonosor, *até* que você reconheça que não é soberano sobre sua vida, *até* que você reconheça que quem domina sobre tudo é o Altíssimo. As coisas só vão mudar *depois* que você tiver conhecido que o céu é quem domina".

Conheças. Este é o sentido correto do verbo hebraico. Talvez "reconhecer" seja uma melhor tradução para este verbo. A versão NVI usa as expressões "até que admitas" e "quando reconheceres". Você pode admitir uma coisa e não se envolver com ela. Mas não é possível reconhecer alguma coisa sem ter qualquer tipo de aceitação e envolvimento com ela.

Acho que é isso o que Daniel tinha em mente. "Nabucodonosor, até que você se envolva e abrace a verdade de que você não é o soberano, mas Deus... que você não controla sua vida, mas é Deus quem o faz, você nunca vai sair desta experiência insana."

Nabucodonosor conduzia sua vida como se ele estivesse reinando sobre ela, assim como reinava sobre seu país. Então Daniel entra em cena e diz: "Deus lhe deu este sonho para que você soubesse que existe outra maneira de ver a vida: o eterno Deus dos céus, seu Criador, não apenas o fez e lhe deu o fôlego da vida, mas ele *reina* sobre você". Deve ter sido uma pílula difícil de engolir para Nabucodonosor.

Agora veja as palavras iniciais do versículo seguinte:

> *Ao cabo de doze meses*, passeando sobre o palácio real da cidade de Babilônia.
>
> Daniel 4:29, grifos do autor

"Ao cabo de doze meses." Um ano inteiro se passou, durante o qual Deus pacientemente permitiu que aquela verdade penetrasse na mente de Nabucodonosor. "Quem reina sobre minha vida: eu ou o Criador? Sou eu o soberano ou ele o é? É ele quem está no controle? São seus planos que estão sendo cumpridos? Ou sou eu quem está no comando, andando segundo meus próprios caminhos?"

Bem, a resposta aparece nos versículos que se seguem.

> Falou o rei e disse: Não é esta a grande Babilônia que eu edifiquei para a casa real, com o meu grandioso poder e para glória da minha majestade? Falava ainda o rei quando desceu uma voz do céu: A ti se diz, ó rei Nabucodonosor: Já passou de ti o reino. Serás expulso de entre os homens, e a tua morada será com os animais do campo; e far-te-ão comer ervas como os bois, e passar-se-ão sete tempos por cima de ti, até que aprendas que o Altíssimo tem domínio sobre o reino dos homens e o dá a quem quer. No mesmo instante, se cumpriu a palavra sobre Nabucodonosor; e foi expulso de entre os homens e passou a comer erva como os bois, o seu corpo foi molhado do orvalho do céu, até que lhe cresceram os cabelos como as penas da águia, e as suas unhas, como as das aves.
>
> Daniel 4:30-33

Nabucodonosor ficou louco e viveu literalmente nos campos. Separado por completo do mundo da lógica e da razão, o outrora orgulhoso soberano da terra viveu nos campos como um animal selvagem.

Mas a história não acaba aqui. É neste ponto que o diálogo entre Daniel e o rei se transforma num monólogo. É como se Daniel tivesse dado a caneta a Nabucodonosor e dissesse: "tome, escreva você mesmo o resto de sua história".

> Mas ao fim daqueles dias, eu, Nabucodonosor, levantei os olhos ao céu, tornou-me a vir o entendimento, e eu bendisse o Altíssimo, e louvei, e glorifiquei ao que vive para sempre, cujo domínio é sempiterno, e cujo reino é de geração em geração. Todos os moradores da terra são por ele reputados em nada; e, segundo a sua vontade, ele opera com o exército do céu e os moradores da terra; não há quem lhe possa deter a mão, nem lhe dizer: Que fazes? Tão logo me tornou a vir o entendimento, também, para a dignidade do meu reino, tornou-me a vir a minha majestade e o meu resplendor; buscaram-me os meus conselheiros e os meus grandes; fui restabelecido no meu reino, e a mim se me ajuntou extraordinária grandeza. Agora, pois, eu, Nabucodonosor, louvo, exalço e glorifico ao Rei do céu, porque todas as suas obras são verdadeiras, e os seus caminhos, justos, e pode humilhar aos que andam na soberba.
>
> Daniel 4:34-37

Lembro-me muito bem daquela manhã em Palo Alto quando circundei seis afirmações nesses versículos. Versículo 34: "cujo domínio" e "cujo reino". Versículo 35: "sua vontade" e "[sua] mão". Versículo 37: "suas obras" e "seus caminhos". Tudo pelo que o rei passou e tudo o que se seguiu a sua insanidade era de Deus. *Tudo* foi planejado pelo próprio Deus.

Fiquei sentado diante desta passagem por não sei quanto tempo. Meu coração batia mais rápido e comecei a transpirar enquanto me debatia com aquilo que acabara de ler. Por fim, disse ao Senhor que desistiria de lutar e aceitaria seu plano. Convidei-o a exercer sua soberania em minha vida. Entreguei-lhe meu casamento. Dei a ele minha esposa. Ofereci-lhe o nascimento de nosso primogênito. Na verdade, entreguei meu futuro inteiro em suas mãos. E encerrei aquele momento de meditação ajoelhado, chorando, maravilhado e sentindo-me aliviado. Daquele momento em diante, seria "Deus, somente Deus".

Não escrevo essa história para parecer dramático ou piedoso; relato este episódio porque ele mudou minha vida. E precisei lembrar-me dele vários anos depois, quando eu e Cynthia enfrentamos dois abortos. A soberania de Deus venho em meu auxílio naquelas horas trágicas.

Precisei deste lembrete quando fomos envolvidos num terrível acidente automobilístico que quebrou a mandíbula de nosso filho, feriu gravemente minha esposa e destruiu completamente nosso carro nas ruas congeladas de Houston. Precisei deste lembrete durante os momentos difíceis nos anos que se seguiriam, em diversas lutas que enfrentamos, sendo mal-entendidos, mal-interpretados e difamados.

Preciso dele hoje. Bons e maus momentos. Felicidade e dificuldade. Perdas e ganhos. Promoção e rebaixamento. Alegria e tristeza. Êxtase e tragédia. Confusão e clareza. Sua soberania engloba tudo isso. Deus, somente Deus é quem tem o controle total.

Naquela manhã de verão de 1961 decidi que minha vida inteira estaria sob seu domínio e reinado, não meu. Seria sua vontade, exercida por sua mão, não pela minha. Seriam suas obras e seu caminho, não os meus, que eu passaria a vida inteira proclamando e promovendo. Aquela decisão, repito, transformou minha vida completamente.

Também prometi que, sempre que fosse convidado a falar sobre seu caráter, a soberania seria a primeira e mais importante característica que eu destacaria, e que, por sua graça, eu seria fiel em promover esta importante doutrina sempre que tivesse oportunidade. E aqui está mais uma chance de fazê-lo.

Seu caminho é sempre o certo. Nem sempre ele faz sentido – na verdade, como já aprendemos, ele é com freqüência misterioso. Raramente pode ser explicado. Nem sempre é agradável e divertido. Mas eu já vivi o suficiente para perceber que seu caminho é sempre o certo.

E era isso o que Nabucodonosor precisava reconhecer. O fato é que ele não voltou à razão até que reconheceu isso. Seguindo seu exemplo, creio que não teremos a capacidade de pensar nossa vida teologicamente até que acatemos a soberania de Deus. Até que isso aconteça, pensaremos que somos muito importantes em seu plano. A opinião do homem será muito importante para nós. E vamos bater, lutar e combater nosso caminho na vida cristã, tentando fazer de tudo para agradar as pessoas em vez de vivê-la e descansar no plano de Deus.

SÓ DEUS É SOBERANO

Muito antes de Daniel dizer aquelas palavras a Nabucodonosor e este as escrever por si mesmo, Deus já havia orientado Salomão a escrever este provérbio: "Como ribeiros de águas assim é o coração do rei na mão do SENHOR; este, segundo o seu querer, o inclina" (Pv 21:1).

É comum ficarmos maravilhados diante de grandes reis, presidentes, governadores e de homens e mulheres de Estado. Mas Deus é capaz de mover seus corações do mesmo modo que seu dedo pode mudar o curso de um rio. Isso não é difícil para ele. O Senhor os move conforme deseja e faz não apenas isso. Permita-me adicionar uma coisa: ele não se limita aos reis. Isso se aplica a mim e a você.

Agora, isso é difícil de ser aceito, em especial se você é uma pessoa orgulhosa e, ainda mais, se o orgulho está ligado à teimosia (o que normalmente acontece). Você resiste a esta idéia, pois é capaz de se lembrar de algumas pessoas que passaram por tempos difíceis; então você diz: "Você está me dizendo que Deus se alegra *com isso*? Deus é o responsável *por aquilo*? Foi ele quem permitiu *isto*?" Sim, Deus, somente Deus.

Apesar de já ter falado dele antes, vou retornar ao caso de Jó. Eis um homem que perdeu tudo, exceto a esposa e a vida. Como vimos anteriormente, ele perdeu seus filhos, sua casa, seus animais, seus servos, seu dinheiro, tudo! Perdeu até mesmo a saúde. Seu corpo estava coberto de feridas purulentas. Nenhum de nós é capaz de imaginar tal sofrimento.

E, como se não bastasse, Jó tinha de escutar Elifaz, Bildade, Zofar e Eliú, seus ditos amigos, fazendo discursos sobre as razões de ele estar passando por aquela situação. Deus afinal rompe o silêncio e se dirige pessoalmente a Jó. Sugiro que, ao terminar este capítulo, você leia os cinco últimos capítulos de Jó... mas, por agora, dê uma olhada nestes destaques com vagar e atenção:

> Depois disto, o SENHOR, do meio de um redemoinho, respondeu a Jó:
>
> Quem é este que escurece os meus desígnios com palavras sem conhecimento? Cinge, pois, os lombos como homem,

pois eu te perguntarei, e tu me farás saber. Onde estavas tu, quando eu lançava os fundamentos da terra? Dize-mo, se tens entendimento. Quem lhe pôs as medidas, se é que o sabes? Ou quem estendeu sobre ela o cordel? Sobre que estão fundadas as suas bases ou quem lhe assentou a pedra angular, quando as estrelas da alva, juntas, alegremente cantavam, e rejubilavam todos os filhos de Deus?

Ou quem encerrou o mar com portas, quando irrompeu da madre; quando eu lhe pus as nuvens por vestidura e a escuridão por fraldas? Quando eu lhe tracei limites, e lhe pus ferrolhos e portas, e disse: até aqui virás e não mais adiante, e aqui se quebrará o orgulho das tuas ondas?

Acaso, desde que começaram os teus dias, deste ordem à madrugada ou fizeste a alva saber o seu lugar, para que se apegasse às orlas da terra, e desta fossem os perversos sacudidos? A terra se modela como o barro debaixo do selo, e tudo se apresenta como vestidos; dos perversos se desvia a sua luz, e o braço levantado para ferir se quebranta.

Acaso, entraste nos mananciais do mar ou percorreste o mais profundo do abismo? Porventura, te foram reveladas as portas da morte ou viste essas portas da região tenebrosa? Tens idéia nítida da largura da terra? Dize-mo, se o sabes.

Onde está o caminho para a morada da luz? E, quanto às trevas, onde é o seu lugar, para que as conduzas aos seus limites e discirnas as veredas para a sua casa? Tu o sabes, porque nesse tempo eras nascido e porque é grande o número dos teus dias! Acaso, entraste nos depósitos da neve e viste os tesouros da saraiva, que eu retenho até ao tempo da angústia, até ao dia da peleja e da guerra?

Jó 38:1-23

"Depois disto, o SENHOR, do meio de um redemoinho, respondeu a Jó." Era assim que Deus via todos os conselhos que Jó recebera antes de o Senhor aparecer em cena: um redemoinho humanista. Você já esteve num lugar assim? Já se viu diante de um dilema, com pessoas voluntariamente dando sua opinião e conselhos? Não demora muito para que tudo fique confuso e conflitante, ou qualquer outra coisa, menos reconfortante. É um verdadeiro *redemoinho!* E você está desejoso de ouvir a pura e clara mensagem de Deus.

É isso o que Jó finalmente consegue. O que Deus diz a Jó é o que ele precisava ouvir: "Eu estou no controle. Sei o que estou fazendo. Meu caminho está correto. Dor, sofrimento e tudo o mais: eu reino soberano sobre você".

Então, Deus faz a Jó uma série de perguntas retóricas que enfatizam o fato de que Deus, e só ele, está no controle. Nossos jornais noticiam coisas como "Desastre natural: nevasca atinge o Meio-Oeste americano" e nós dizemos "que tragédia". Deus diz: "Eu tinha meus armazéns cheios e mandei a neve". Sim. As coisas são assim, ou senão Deus é *parcialmente* soberano... ou está *quase* no controle de tudo. Impossível. É como eu dizer que sou um *quase* marido ou um *quase* pai.

Deus fala das estrelas, das constelações sobre nós. Temos algum controle sobre isso? Não. Podemos construir lentes que nos permitem vê-las, mas não podemos mudar sua direção. Podemos olhar maravilhados, estudar os padrões celestes, mas não podemos mudar o movimento ou alterar a ordem do universo.

Por todos os outros capítulos, Deus se refere a várias outras partes de sua criação até que Jó ouve o suficiente.

> Então, respondeu Jó ao Senhor: Bem sei que tudo podes, e nenhum dos teus planos pode ser frustrado.
>
> Jó 42:1-2

Jó recebeu informação equivalente a quatro anos de seminário em alguns poucos momentos, diretamente do Deus vivo! Deus foi falando até que, no fim, Jó disse: "Entendi. Estou vendo! Está claro... está claro. Nenhum dos teus planos pode ser frustrado".

"Nenhum dos teus planos pode ser frustrado." Lembre-se dessa conclusão. Não recorte isso de sua Bíblia. Grife o versículo e decore-o. Quando Deus diz que será feito, com certeza será. E se isso me entristecer? Então, vai entristecer. E se machucar? Vai machucar. E se arruinar minha reputação? Sua reputação será arruinada. Deus diz que será feito, e nenhum de seus planos pode ser frustrado... senão, ele não é soberano.

Você quer saber quem é que manda por aqui? Aquele que criou o universo, que pôs as nuvens em seu lugar, que estabeleceu os limites da atmosfera que nos permite viver, que separou os mares da terra seca, que lhe dá o fôlego e a capacidade de pensar. Aquele que colocou você aqui, no momento certo, segundo seu propósito; aquele que, num estalar de dedos, vai levar você daqui para a eternidade. Por mais misteriosas que nossas vidas possam parecer, Deus, somente Deus, é quem está no controle.

Aquele que é soberano precisa ter uma perspectiva clara e total. Deve ver o fim a partir do princípio. Ele não tem rival na terra ou no céu. Não deve ter medo, ignorância e nenhuma necessidade. Também não pode ter limitações, além de sempre saber o que é melhor. Nunca deve cometer erros. Deve ter habilidade de fazer que tudo tenha uma determinada conclusão e um objetivo final. Deve ser invencível, imutável, infinito e auto-suficiente. Seus juízos devem ser insondáveis e seus caminhos, inescrutáveis. Deve ser capaz de criar em vez de inventar, de dirigir em vez de desejar, de controlar em vez de esperar, de guiar em vez de supor, de cumprir em vez de sonhar. Alguém se prontifica? Você já sabe... Deus, somente Deus.

E isso não é nem o começo de seu currículo. Ele é nosso Deus, aquele que diz "faça-se", e é feito, quem diz "não se faça", e nada acontece.

William Wordsworth, em seu poema "Prelude", descreve quão maravilhoso foi escapar da cidade na qual ele ficou preso por tanto tempo. Hoje, ele diz: "Sou livre, livre como um pássaro, para me estabelecer onde quiser".[1] Livre como um pássaro?

Certo homem disse o seguinte: "Os naturalistas sabem que os pássaros supostamente livres passam a vida inteira numa gaiola feita de temores, ansiedade e instinto. Estão limitados pelas condições do tempo e da variação da pressão do ar, pelo suprimento de alimento local, pelos predadores e, o mais estranho dos laços: pela irresistível compulsão de permanecer dentro de um pequeno e determinado espaço de terra e ar. O mais livre dos pássaros, igual a qualquer outra coisa criada, é mantido em constante prontidão por uma rede de necessidades. Só Deus é livre".[2]

Certamente eu e você não sabemos nada sobre liberdade. Estamos presos a um planeta muito particular, com um clima muito particular, colocados dentro de condições particulares que nos permitem viver. Somos ligados por relacionamentos. Somos limitados pela gravidade. Pela natureza. Dependemos de Deus para cada impulso elétrico que faz nosso coração bater, nossos pulmões respirarem, nossos corpos se moverem e nosso cérebro pensar. Livres? Nós nos gabamos de ser livres... que piada! A verdade nua e crua é que todos nós somos pessoas incrivelmente dependentes.

Somente Deus conhece tal independência. Só ele é soberano.

O QUE É SOBERANIA?

O apóstolo Paulo desenvolveu este assunto como ninguém nos capítulos 9 a 11 de Romanos, e quero desafiá-lo a fazer seus próprios estudos sobre esses capítulos. Se você não tiver dificuldades com eles, então não os está estudando de modo adequado. Você vai achar que tudo se resolve no capítulo 9; então, ao chegar ao capítulo 10, começará a ter problemas com tudo o que foi dito no 9. No entanto, quando chegar à grande doxologia do final do capítulo 11, talvez você suspire, como eu fiz, sentindo um alívio incompreensível, deixando a maior parte do mistério nas mãos de Deus. Lembra-se das palavras? Nós já as vimos anteriormente:

> Ó profundidade da riqueza, tanto da sabedoria como do conhecimento de Deus! Quão insondáveis são os seus juízos, e quão inescrutáveis, os seus caminhos!
>
> Romanos 11:33

Vamos visitar novamente a cena dessa grande doxologia. Este apóstolo brilhante, sob a orientação do Espírito de Deus, exalta o Senhor, nosso Pai, como sendo cheio de sabedoria e conhecimento. Assim, tudo o que é soberano está repleto de sabedoria e conhecimento.

Quando Deus toma suas decisões, chamadas de "juízos", elas são "insondáveis" porque nós estamos no reino do finito e ele, no do infinito. É por isso que suas decisões são "insondáveis". Além disso, seus caminhos, ainda que certos, são, em última análise, "inescrutáveis". Você não consegue penetrá-los por completo. Você chega sim, com freqüência, ao ponto de dizer "eu simplesmente aceito". E isso requer a humildade tão difícil de encontrar nos instruídos e inteligentes de nossos dias.

Tudo isso me levou a uma definição muito simples: soberania significa dizer que nosso Deus, sábio e conhecedor de todas as coisas, reina numa dimensão além de nossa compreensão para realizar um plano que está além de nossa capacidade de alterar, retardar ou interromper.

Deixe-me ir um pouco mais longe. Seu plano inclui promoções e rebaixamentos. Seu plano pode significar tanto prosperidade quanto adversidade, tragédia e calamidade, êxtase e alegria. Ele envolve doença tanto quanto saúde, situações perigosas assim como conforto, segurança, prosperidade e tranqüilidade. Seu plano está em ação mesmo nos momentos em que não podemos imaginar a razão – dada a situação desesperadora –, bem como nos momentos em que as razões são claras e agradáveis.

Apesar de inescrutável, sua soberania tem domínio sobre todas as deficiências, as dores, os sonhos desfeitos e as dificuldades prolongadas. Mesmo quando não podemos compreender plenamente, ele compreende. Até nas horas em que não podemos explicar as razões, ele entende. E quando não podemos ver o fim, lá está ele, balançando a cabeça: "É, este é o meu plano".

> Quem, pois, conheceu a mente do Senhor? Ou quem foi o seu conselheiro? Ou quem primeiro deu a ele para que lhe venha a ser restituído? Porque dele, e por meio dele, e para ele são todas as coisas. A ele, pois, a glória eternamente. Amém!
>
> Romanos 11:34-36

Se você pretende alterar o conceito de soberania e torná-lo mais temporal ou limitado, então será preciso livrar-se de "todas as coisas", assim como de Romanos 8:28:

> Sabemos que todas as coisas cooperam para o bem daqueles que amam a Deus, daqueles que são chamados segundo o seu propósito.
>
> Romanos 8:28

Se Deus disse "todas as coisas", isso quer dizer tudo.

E "todas as coisas" são para sua glória eterna. "A ele, pois, a glória eternamente." Nosso soberano é o mestre e o propulsor. Ele é quem dá e recebe. É o originador, pois o texto diz "dele". Ele é quem faz as coisas acontecerem, pois sua palavra diz "por meio dele". Ele é o alvo, pois as Escrituras falam "para ele são todas as coisas". E apesar de pensarmos nisso como um destino cego e amargo, lembre-se: é sempre para sua maior glória.

Sei que, neste instante, muitos dos que estão lendo estas palavras estão ficando cada vez mais nervosos. Você já deve estar pensando na carta que vai escrever ao autor dizendo: "Chuck, acho que você perdeu o rumo de casa". Deixe-me acalmá-lo. Era uma loucura deste tipo que me impedia de aceitar a soberania. Foi exatamente por isso que minha luta durou tanto tempo. Não estou dizendo que não luto mais com isso. Acredite, eu ainda tenho dificuldades. Mas preste atenção no que vou dizer: quando as pessoas levam esta doutrina a extremos não-bíblicos, tornam-se passivas e distantes. Elas perdem o zelo, tornam-se irresponsáveis e não buscam a excelência pessoal. Tudo é de Deus, dizem elas, e por isso Deus faz todas as coisas.

Acho interessante que o apóstolo que escreve esta fantástica declaração de três capítulos e a conclui com palavras tão eloqüentes entrega o equilíbrio do livro de Romanos a *nossa* responsabilidade. A doutrina do livro está presente nos capítulos 1 a 11, mas do capítulo 12 em diante praticamente tudo gira em torno de tarefas. "Deus está no controle", diz o apóstolo, "Deus é o responsável", "Deus é soberano", "Deus é o encarregado", mas, então...

> Rogo-vos, pois, irmãos, pelas misericórdias de Deus, que apresenteis o vosso corpo por sacrifício vivo, santo e agradável a Deus, que é o vosso culto racional.
>
> Romanos 12:1

Este mandamento é para os cristãos e há um senso de urgência no pedido. Há responsabilidade.

> E não vos conformeis com este século, mas transformai-vos pela renovação da vossa mente, para que experimenteis qual seja a boa, agradável e perfeita vontade de Deus.
>
> Romanos 12:2

Você tem a responsabilidade de não deixar que o mundo a sua volta o esprema em seu molde. "Ah, não se preocupe com isso. Eu acredito na soberania". Bem, era isso que acreditava aquele que escreveu tais palavras. E ele diz que é nossa responsabilidade evitar que isso aconteça.

> Tendo, porém, diferentes dons segundo a graça que nos foi dada: se profecia, seja segundo a proporção da fé; se ministério, dediquemo-nos ao ministério; ou o que ensina esmere-se no fazê-lo; ou o que exorta faça-o com dedicação; o que contribui, com liberalidade; o que preside, com diligência; quem exerce misericórdia, com alegria.
>
> Romanos 12:6-8

Dê uma olhada nisso! Um mandamento atrás do outro, um imperativo afirmativo atrás do outro. E isso continua no capítulo 13, no capítulo 14 e vai até o capítulo 15.

A soberania de Deus não quer dizer que eu estou livre de responsabilidades. Não significa que eu não tenha interesse pelos assuntos atuais ou que não me preocupe com decisões ou ainda que não seja tocado pelo destino eterno dos perdidos. Não se trata disso. É preciso haver um equilíbrio.

Em seu livro *Mais Perto de Deus*, A. W. Tozer escreve estas palavras muito sábias:

> Deus decidiu soberanamente que o homem deveria ser livre para fazer escolhas morais, o que tem acontecido desde o princípio, mediante escolhas feitas entre o bem e o mal. Quando ele escolhe fazer o mal, não está tentando equilibrar-se com a vontade de Deus, mas a está cumprindo, visto que o decreto eterno de Deus decidiu que o homem estaria livre para tomar suas próprias decisões.[3]

Por incrível que possa parecer, esta escolha inclui nossa opção pelo destino que queremos ter. Eu pessoalmente creio que o Senhor nosso Deus nos deu o privilégio da escolha. Podemos optar por *concordar* ou *discordar*. Mas não podemos escolher as conseqüências. Se optamos por desprezar a pessoa de Jesus Cristo, estamos assim sob o decreto da punição eterna de Deus. Se nos decidimos a favor de Jesus Cristo, então herdamos todas as bênçãos do céu – a bênção do perdão de pecados e da eternidade com Deus. Deus governa. Deus rege. E seu caminho é perfeito.

Aonde isso tudo vai nos levar? "A ele, pois, a glória eternamente. Amém!" E não pense que a maioria das pessoas liga para isso. A maioria de nós pensa assim: "Como vou receber a glória? De que maneira serei beneficiado? Como serei abençoado?" No plano soberano de Deus, a vida pode ser dolorosa, desapontadora, difícil, inexplicável, confusa e profundamente misteriosa. Mas, por meio de todas as coisas, Deus, de algum modo, receberá toda a glória.

Penso nisso quando leio esta passagem:

> E, então, virá o fim, quando ele entregar o reino ao Deus e Pai, quando houver destruído todo principado, bem como toda potestade e poder. Porque convém que ele reine até que haja posto todos os inimigos debaixo dos pés. O último inimigo a ser destruído é a morte. Porque *todas as coisas sujeitou debaixo dos pés*. E, quando diz que todas as coisas lhe estão sujeitas, certamente, exclui aquele que tudo lhe subordinou. Quando, porém, todas as coisas lhe estiverem sujeitas, então, o próprio Filho também se sujeitará àquele que todas as coisas lhe sujeitou, para que Deus seja tudo em todos.
>
> 1 Coríntios 15:24-28, grifos do autor

Todos chegaremos ao fim de nosso tempo, aquele momento anterior ao passo em direção à eternidade. E Deus está cumprindo os planos finais para esta terra e todos os seus habitantes. Amo esta passagem porque ela é tão clara, tão definitiva: "então virá o fim".

Não é impressionante? Bem no final nós lemos o objetivo derradeiro: "para que Deus seja tudo em todos". É isso o que estará escrito na porta do céu: "Deus é tudo em todos!" Mesmo na hora da tragédia? Mesmo na hora da tragédia. Nas perdas? Nas perdas. Na alegria e na tristeza? Sim, mesmo nessas situações. Até nos terremotos? Sim. Não sei como. Não sei por quê. Porém, mesmo na calamidade, mesmo quando seu lar for partido, mesmo ali "todas as coisas lhe estão sujeitas... para que Deus seja tudo em todos".

Este é o último capítulo do Livro:

> Nunca mais haverá qualquer maldição. Nela, estará o trono de Deus e do Cordeiro. Os seus servos o servirão, contemplarão a sua face, e na sua fronte está o nome dele. Então, já não haverá noite, nem precisam eles de luz de candeia, nem da luz do sol, porque o Senhor Deus brilhará sobre eles, e reinarão pelos séculos dos séculos.
>
> Apocalipse 22:3-5

Deus governa. Deus reina. Deus, somente Deus. E seu caminho é perfeito. Ele leva à glória de Deus.

Lá no fundo do coração de homens e mulheres, muito embora a maioria jamais reconheça, há uma percepção de que não existe de fato uma resposta definitiva. Existe aquela pequena cláusula escondida nas profundezas da maioria das mentes pensantes que diz "realmente deve existir um Deus por trás de tudo".

Quando consideramos o derradeiro futuro da humanidade, vemos que Deus está soberanamente no controle. No segundo seguinte a sua morte, o homem e a mulher que tiverem rejeitado e resistido ao Senhor por anos a fio darão seu primeiro passo dentro da eternidade. Um segundo... e terão perdido toda a capacidade de escolher seu futuro. A soberania de Deus assume o total controle de suas vidas e cumpre seu decreto: "para que Deus seja tudo em todos".

MAS O QUE TUDO ISSO SIGNIFICA?

A soberania de Deus. Às vezes, uma doutrina misteriosa, mas de grande importância para nossa vida. Não está reservada apenas às discussões de teólogos e eruditos.

Primeiramente, a soberania de Deus me livra da ansiedade. Ela não elimina minhas perguntas. Ela dissipa minha ansiedade. Quando descanso nela, fico livre das preocupações.

Segundo, a soberania de Deus me liberta das explicações. Não preciso ter respostas para todas as perguntas. Fico tranqüilo em dizer para algumas pessoas em tempos difíceis: "sabe, eu não sei. Não sou capaz de revelar o plano de Deus nesta situação".

O problema de aprender um pouco de teologia é que começamos a achar que podemos desvendar o insondável. Conhecer o inescrutável. Que não existe profundidade que não possamos alcançar. Bem, vamos encarar os fatos... isso não é verdade. Há momentos em que aqueles que sabem muito devem simplesmente se afastar com as mãos para trás e dizer: "Está além de mim. Não sei por que Deus fecha algumas portas e abre outras. Não sei qual é a razão de alguns o rejeitarem e se tornarem vasos de ira. Não sei onde isso se encaixa. Não sei como o mal pode ser usado para o bem. E não sei como lidar com os dois de um modo que glorifique a Deus. Mas sei que é assim e que assim será, pois Deus é tudo em todos. Não tenho de explicar isso".

Terceiro, a soberania de Deus me afasta do orgulho. Depois de ter chegado àquele ponto, em 1961, aquele pensamento começou a voltar de tempos em tempos, durante minha preparação no seminário e até mesmo em meu ministério. Volto a ele diversas vezes. E isso me ajuda a enfrentar os momentos mais difíceis de minha vida. Ele tem me mantido com o rosto em terra diante de Deus.

Assim como qualquer outro ser humano, tenho muitas e muitas dificuldades. Tenho muitos pecados – pecados recorrentes – que me afligem. Pecados com os quais luto e que confesso diante de Deus. Mas preciso lhe dizer que, por causa de minha firme confiança na soberania de Deus, o orgulho não é uma questão importante para mim. Nunca penso em ser orgulhoso, nem mesmo secretamente. A soberania venceu a batalha de uma vez por todas! Em vez disso, sou grato por Deus ter me dado o fôlego da vida e a capacidade de pensar, de ministrar e de servir.

Ele é soberano sobre minha vida. Ele é soberano sobre sua vida. Ele é soberano, quer você aceite, quer não. Nabucodonosor descobriu isso. Pode ser que você não saiba disso agora, mas saberá um segundo depois de sua morte. Deus, somente Deus, é quem governa. O caminho dele é perfeito.

Escrito em 1613, o poema de John Oxenham é chamado "A Caligrafia de Deus":

Ele escreve em letras bem grandes
Para que o míope possa ler.

Tomamos apenas alguns fragmentos
E queremos entender o mistério completo
Das tênues esperanças da morte, da vida,
Da guerra sem fim, da discussão sem sentido,
Mas ali, com uma visão mais clara e melhor,
Veremos isto:
Seu caminho é perfeito
Seu caminho é perfeito.[4]

Mesmo depois de todos esses anos, sou grato por aquele célebre momento no verão de 1961, quando cheguei a um acordo sobre a questão que me perturbava por tanto tempo. Sou grato pelo conforto que aquele momento produziu em minha vida no decorrer dos anos. Fico satisfeito em saber que Deus estava envolvido na situação que permitiu que meus olhos caíssem sobre aquela passagem de Daniel. Também sou grato porque os relatos do rei Nabucodonosor, de Jó e de Paulo foram preservados de modo que pudéssemos aprender que o governo e a soberania de Deus são corretas. Seu caminho é perfeito.

Às vezes lutamos. Há momentos em que é difícil entender a caligrafia de Deus ou aceitar aquilo que ele diz. Mas oro para que Deus ministre de uma maneira muito especial a você que está com dificuldades, que ainda não entrou num acordo com relação ao direito que Deus tem de conduzir sua vida. E oro para que o nome do Deus Todo-Poderoso e soberano seja exaltado, e que toda glória seja dele, apesar de todo o mistério.

Tudo não passa de uma charada, e o segredo
para desvendar uma charada é outra charada.

Emerson, *The Conduct of Life*

É na comunicação humana que
começa a tragédia.
Não porque haja mal-entendimento das palavras,
Mas porque não há compreensão do silêncio.

Thoreau, *A Week on the Concord and Merrimack Rivers*

Eu o vejo no brilhar das estrelas,
Percebo-o no florescer dos campos,
Mas nos caminhos dos homens eu não o vejo.

Alfred, Lord Tennyson, *Idylls of the King*

6

Lendo os misteriosos lábios de Deus

No meio da década de 70 precisei me submeter a uma cirurgia no ouvido direito, chamada timpanoplastia. Nasci com um orifício naquele ouvido, o que o tornava suscetível a infecções. Como conseqüência, passei por momentos difíceis na infância. Aos 30 anos, o orifício ficou ainda maior, levando-me a uma contínua perda de audição. O cirurgião usou uma parte de minha fáscia, uma pequena lâmina fibrosa abaixo do couro cabeludo, para restaurar o tímpano.

A timpanoplastia não é uma cirurgia dolorosa, mas exige um longo período de recuperação, durante o qual pensei muito sobre como seria a vida sem audição. Quais seriam as dificuldades, as adaptações? Concluí que uma das adaptações seria o aprendizado da leitura labial.

Lembro-me de que em uma de minhas palestras havia uma mulher, que sempre se sentava na primeira fileira, que veio conversar comigo agradecendo por eu articular bem as palavras:

— Eu não escuto. Aprendi a ler os lábios — disse ela.

Quando perguntei se aquilo era difícil para ela, sua resposta foi:

— Ah, não... eu assisto à televisão, vou ao cinema, faço um monte de coisas que as pessoas acham que alguém que não escuta não seria capaz de fazer.

Então, ela fez uma declaração impressionante:

— Na verdade, é muito bom. Estudo a pessoa que está falando, pois preciso olhar com atenção, sem tirar os olhos de seus lábios. Se me distrair, não consigo ouvir o que está acontecendo.

Tudo isso exemplifica muito bem nossa caminhada com o Senhor, pois Deus não é apenas invisível e soberano. Ele também é silencioso. Grandes hinistas já escreveram palavras eloqüentes sobre isso. Walter Chalmers Smith, por exemplo, escreveu o seguinte:

Deus sábio, invisível, perfeito, imortal,
Poder intangível da luz celestial,
Glorioso e bendito, do tempo Senhor,
A ti, Deus excelso, cantemos louvor.
Tranqüilo tu brilhas qual luz secular,
De plena justiça é teu governar...[1]

"Tranqüilo tu brilhas qual luz secular". Este é o nosso Deus. É uma luz que brilha sem ser vista. Não o escutamos, pelo menos no sentido físico. Mas recebemos a ordem de sermos sábios e de entender sua vontade. Mas ele não fala.

Não seria mais fácil se, duas vezes por semana, Deus rompesse o silêncio, fizesse-nos uma visita durante o momento de oração no quarto, no escritório ou em algum outro cômodo de nossa casa e dissesse: "Este é nosso momento de comunhão. Quero lhe dizer qual é minha vontade para a próxima semana". Mas se isso acontecesse, estaríamos caminhando pelo som, e não pela fé.

Portanto, uma vez que Deus é invisível e silencioso e não podemos ler seus lábios, como podemos receber suas mensagens?

OUVINDO NO SILÊNCIO

Antes de mais nada, *precisamos ser sensíveis e estar preparados*, pois a vontade de Deus é imprevisível.

No Salmo 32 encontramos um diálogo entre Davi e o Senhor.

A propósito, perceba que este salmo não é apenas chamado de "Salmo de Davi", mas também de "salmo didático" ou "masquil". Trata-se de um salmo de instrução. Algumas versões trazem por três vezes, no meio do texto bíblico, a palavra "Selá". Essa palavra é uma indicação musical introduzida pelo autor, significando pausa. A introdução de uma pausa prolongada na música normalmente visa permitir que se analise o que já foi tocado ou cantado e que fica no ar, para que, então, se imagine o que virá a seguir. Uma pausa dentro de uma música é um recurso bastante eficiente. Neste caso, existem três pausas. Logo depois da terceira aparecem as seguintes palavras:

> Instruir-te-ei e te ensinarei o caminho que deves seguir; e, sob as minhas vistas, te darei conselho.
>
> Salmo 32:8

Deus é silencioso. Ele não diz "instruir-te-ei com a minha voz". Ele diz "vou instruí-lo, ensiná-lo e aconselhá-lo mantendo meus olhos sobre você". O movimento dos olhos é silencioso. Portanto, tal qual um leitor de lábios, precisamos estar bem atentos e preparados enquanto estudamos nosso Senhor e respondemos à orientação interior do Espírito de Deus.

A vontade de Deus não é apenas misteriosa: ela é também imprevisível. Por certo já nos certificamos disso, não? Em geral não é o que esperávamos. Recentemente um casal amigo nosso esteve buscando a orientação de Deus na área da vocação do marido. Eles tomaram uma decisão que parecia ser a vontade de Deus e deram com a cara na parede. Para eles, permanecer naquela situação seria um comprometimento da integridade daquele homem.

— Por isso estamos voltando atrás — disse o homem. — Para mim, ficar nesta situação é comprometer meu caráter. Não farei isso.

Eles estavam bastante sensíveis àquilo que Deus os orientava, pois obviamente não era isso o que eles previram.

Segundo, *precisamos ser perceptivos e pacientes* pois o plano de Deus está sendo revelado continuamente. Aquilo que nos trouxe ao lugar onde estamos agora faz parte do plano completo de Deus. Mas este plano ainda está em processo de revelação em nossa vida, o que significa dizer que sair do lugar onde estamos para ir aonde ele quer nos levar exige mudanças. E algumas dessas mudanças são coisas que jamais imaginávamos enfrentar.

APRENDENDO COM O PROFETA JEREMIAS

Vamos voltar ao personagem bíblico que vimos anteriormente neste livro. Jeremias foi um profeta usado por Deus durante um dos períodos mais difíceis da história de Israel: os últimos dias do reino de Judá.

> Palavras de Jeremias, filho de Hilquias, um dos sacerdotes que estavam em Anatote, na terra de Benjamim; a ele veio a palavra do SENHOR, nos dias de Josias, filho de Amom e rei de Judá, no décimo terceiro ano do seu reinado; e também nos dias de Jeoaquim, filho de Josias, rei de Judá, até ao fim do ano undécimo de Zedequias, filho de Josias, rei de Judá, e ainda até ao quinto mês do exílio de Jerusalém. A mim me veio, pois, a palavra do SENHOR, dizendo:...
>
> Jeremias 1:1-4

"A mim me veio, pois, a palavra do SENHOR", Jeremias tomara a pena e começara a escrever. O pronome "mim" revela isso. Não creio que Jeremias soubesse que estava escrevendo uma parte das Escrituras. Também acho que ele não tinha noção de que 52 capítulos da Bíblia seriam confiados a ele. Jeremias estava apenas escrevendo o que o Senhor lhe revelara. E Deus achou por bem guiar seus escritos de modo que se tornassem uma parte inspirada do cânon das Escrituras. Por isso Jeremias escreve: "A mim me veio, pois, a palavra do SENHOR, dizendo:..."

> Antes que eu te formasse no ventre materno, eu te conheci, e, antes que saísses da madre, te consagrei, e te constituí profeta às nações.
>
> Jeremias 1:5

Deus diz a Jeremias que já o havia separado para ser profeta antes mesmo que ele nascesse. *Antes* de tê-lo *formado* no ventre de sua mãe, Deus o *conhecia. Antes* de ter nascido, Deus o *consagrou* e o *constituiu* profeta às nações.

O plano predeterminado de Deus está definido. Antes de termos sido concebidos no ventre de nossas mães, o plano de Deus já tinha sido colocado em prática. Em seu livro *Run with the Horses*, Eugene Peterson tem uma idéia maravilhosa sobre esta cena antiga. No capítulo intitulado "Antes", ele faz várias observações esplêndidas:

> Antes de Jeremias conhecer a Deus, este já o conhecia. "Antes que eu te formasse no ventre materno...". Isto muda tudo aquilo que já pensamos sobre Deus.
>
> Viemos a um mundo que não criamos. Vivemos uma vida que já nos foi dada... se queremos viver de um modo adequado, então precisamos ter ciência de que estamos no meio de uma história que foi iniciada e será concluída por outra pessoa. E essa outra pessoa é Deus...
>
> A vida de Jeremias não começou com Jeremias. A salvação de Jeremias não começou com ele mesmo. A verdade de Jeremias também não teve seu início nele. Ele entrou num mundo em que as fases essenciais de sua existência já faziam parte da história. Conosco acontece a mesma coisa. "Eu te conheci...".
>
> O segundo item do pano de fundo que Jeremias nos dá é este: "antes que saísses da madre, te consagrei". *Consagrar* significa "ser separado para Deus". Isto quer dizer que o ser humano não é uma engrenagem nem o teclado de um piano em que as circunstâncias tocam as melodias das paradas de sucesso. Significa que fomos tirados da fútil correnteza das circunstâncias para algo importante que Deus está fazendo.
>
> O que é que Deus está fazendo? Ele está salvando, resgatando, abençoando, julgando, curando, iluminando. E existe uma guerra espiritual em atividade, uma terrível batalha moral. Existe mal e crueldade, infelicidade e doença. Há superstição e ignorância, brutalidade e dor. Mas Deus está envolvido numa batalha feroz contra todas essas coisas. Deus é a favor da vida e contrário à morte. Deus prefere o amor ao ódio. Deus é favorável à esperança e abomina o desespero. Deus é a favor do céu e contra o inferno. Não existe zona neutra no universo. Cada metro quadrado do universo é disputado.
>
> Antes de nascer, Jeremias já estava alistado no exército de Deus para esta guerra.

> Deus fez uma terceira coisa com Jeremias antes de este começar a fazer qualquer coisa para Deus: "e te constituí profeta às nações". A palavra "constituir" pode ser traduzida como "dar": "eu 'dei' você como profeta para as nações". Deus dá. Ele é generoso. Ele é grandemente bondoso. Antes mesmo de existir, Jeremias estava sendo dado.
>
> Este é o método de Deus. Ele fez isso com seu próprio filho Jesus. "Porque Deus amou ao mundo de tal maneira que deu...".
>
> Podemos optar por algumas coisas, mas existem outras que não podemos escolher. Esta é uma delas: o tipo de mundo em que nascemos. Deus o criou. Deus o sustenta. O jeito do mundo está definido. O tecido da existência já está definido...
>
> Jeremias poderia ter passado a vida toda no beco onde nasceu, em Anatote. Ele poderia ter se refugiado na segurança do sacerdócio de seu pai. Poderia ter se conformado com os tolos hábitos de sua cultura. Mas não foi o que fez. Ele participou daquela doação, dedicando a si mesmo àquela missão.[2]

É *isso* o que quero para você! Aonde quer que a vontade de Deus possa levá-lo, e seja para o que ele o chame, onde ele queira que você viva, as coisas de que ele quiser que você abdique e aquelas que você deve receber, simplesmente FAÇA! Esta é a vida perfeita. Buscar a vida perfeita significa deixá-la desenvolver-se segundo a vontade de Deus. Este é o lugar sempre mais seguro e mais compensador para viver – embora cheio de mudanças, de riscos e de desapego. FAÇA ISSO!

CINCO INSTRUÇÕES PARA LER OS LÁBIOS DE DEUS

Já ouvi cristãos dizerem que oram apenas uma vez e, então, confiam em Deus. Para eles, orar mais de uma vez é duvidar. Questiono essa posição. O que dizer de Paulo, que orou três vezes para que lhe fosse retirado o espinho na carne? Talvez ele não tenha orado mais depois da terceira vez, mas ele orou com fervor por três vezes.

Não encontro nas Escrituras nenhuma passagem que afirme que orar mais de uma vez seja desobediência ou dúvida. Precisamos refletir, ter sensibilidade. Deus nos deu um cérebro e seu Espírito para que ambos possam trabalhar em harmonia.

Deus quer que compreendamos qual é sua vontade. Ele não está fazendo jogo conosco, nem brincando de esconde-esconde. "Não, não, lugar errado. Continue procurando. Está ficando mais quente!" Ele quer que saibamos qual é sua vontade. Apesar de continuar "brilhando tranqüilamente", como diz o hino, ele está comprometido a guiar nossos passos. Eles nos criou para que fizéssemos sua vontade. Visando nos ajudar nesta tarefa, ele nos deu algumas orientações.

Para facilitar a memorização, criei um plano muito simples. Uso as cinco primeiras letras do alfabeto: A-B-C-D-E. Sou franco em dizer que uso este esquema todas as vezes que desejo ler os misteriosos lábios de Deus.

A: um espírito de Aceitação. Chamo isso de "pode ser feito".

Precisamos estar relativamente livres da ansiedade e do estresse para podermos entrar neste espírito. Talvez você diga: "É, acho que me lembro de um ou dois dias de minha vida adulta em que me senti assim". E você tem razão. A maioria de nós vive uma vida muito estressante. É por isso que precisamos de momentos de intimidade com o Todo-Poderoso. Precisamos de momentos de solidão e silêncio. Não há nada de misterioso nisso. Alguns dizem que isso é misticismo. Chamo isso de sabedoria.

Conheço um homem que reserva um dia por mês para não fazer nada, a não ser ficar sozinho, em silêncio, pensando. Por vários anos ele tem dirigido com bastante sucesso uma organização, em vista de seu comprometimento com esta disciplina. Naquele dia ele se levanta, toma um bom café da manhã e jejua na hora do almoço. Então ele passa o resto do dia sozinho pensando, orando sobre vários assuntos que estão em sua mente. Às vezes lê a Bíblia ou algum outro livro; às vezes não lê nada. Ele também vai a lugares diferentes, evitando assim criar algum lugar "sagrado".

Pode ser que você tenha algum lugar especial aonde gosta de ir para ficar sozinho. Para outros, o que importa é a variedade. Num dia pode ser uma caminhada na praia; no outro, uma trilha pelas montanhas. Pode ser um passeio bem longo ou uma caminhada pela vizinhança. Até mesmo sentado no banco de uma praça. O lugar não importa, contanto que você tenha tempo para refletir num lugar um tanto livre de estresse.

O que importa é ter a mente programada, de modo incondicional, para aceitar. Independentemente de onde possa estar, você continua aberto. Disposto a aprender. Sensível. Disponível.

Será que Jeremias tinha uma postura de aceitação? Depois de ouvir Deus dizer "eu formei você, consagrei-o e o constituí", a resposta de Jeremias foi:

> Então, lhe disse eu: ah! SENHOR Deus! Eis que não sei falar, porque não passo de uma criança.
>
> Jeremias 1:6

Eis um profeta em formação. "Não sei falar." O que faziam os profetas? Eles pregavam.

> Mas o SENHOR me disse: Não digas: Não passo de uma criança; porque a todos a quem eu te enviar irás; e tudo quanto eu te mandar falarás. Não temas diante deles, porque eu sou contigo para te livrar, diz o SENHOR. Depois, estendeu o SENHOR a mão, tocou-me na boca e o SENHOR me disse: Eis que ponho na tua boca as minhas palavras.
>
> Jeremias 1:7-9

Precisamos ter um espírito de aceitação quando estivermos a sós no silêncio.

No primeiro ano do colegial, eu gaguejava tanto que mal conseguia finalizar uma frase. Certo dia nosso professor de teatro, Dick Nieme, parou-me no meio do corredor da Escola Milby e disse:

— Quero que você faça um papel no grupo Thespian — e eu disse:

— Um pa, pa, pa, papel, e.. eu?

— Sim, você mesmo — disse ele.

Sinceramente pensei que ele havia me confundido com outro garoto. Pensei que ele estivesse falando com o rapaz atrás de mim, que era estrela do time de basquete.

— Não, não, é você mesmo — disse-me.

A primeira coisa que pensei foi "puxa, eu sou tão ruim. Você não tem idéia de quanto fico envergonhado diante de um grupo. Você quer que eu fique lá na frente e ga-ga-gagueje? Vou arruinar a peça inteira!"

Mas apenas três anos depois, eu tinha o papel principal da peça dos formandos, participava do grupo de debates e... adorava tudo aquilo.

O falecido e fantástico professor Dick Nieme, cuja foto está em minha escrivaninha ao lado de meus outros mentores, viu aquilo que eu não conseguia imaginar. Ele viu alguma coisa dentro de mim antes mesmo que aquilo se tornasse realidade. Tudo isso que aconteceu comigo é uma pequena e tênue amostra do modo como Deus nos vê.

Um espírito de aceitação diz "eu? Se é isso o que você diz, então assim será".

*B: investigação **Bíblica**.* Até agora você já aprendeu que a vontade de Deus nunca contradiz sua Palavra. Você nunca estará fazendo a vontade de Deus se olhar para trás e disser: "Nossa, esta passagem da Escritura condena o que estou fazendo". Isso nunca vai acontecer. Você está seguro.

> Quanto amo a tua lei! É a minha meditação, todo o dia! Os teus mandamentos me fazem mais sábio que os meus inimigos; porque, aqueles, eu os tenho sempre comigo. Compreendo mais do que todos os meus mestres, porque medito nos teus testemunhos. Sou mais prudente que os idosos, porque guardo os teus preceitos. Lâmpada para os meus pés é a tua palavra e, luz para os meus caminhos.
>
> Salmo 119:97-100,105

A Palavra de Deus permite que eu e você sejamos mais sábios que nossos inimigos. Ela nos dá mais idéias do que aquelas que ouvimos de nossos professores e uma compreensão que supera a dos anciãos. Este é um maravilhoso conjunto de promessas.

Aonde isso tudo vai nos levar? Primeiramente, quando você estiver pesquisando a Palavra de Deus em busca de sua vontade, encontre o assunto que mais se aproxima da área de interesse. Casamento, sofrimento, dinheiro, ocupação, submissão... existem centenas de assuntos. Pegue uma concordância – aquela lista alfabética de todas as palavras da Bíblia – e localize a palavra. Se for sofrimento, procure a palavra "sofrimento". Ali você encontrará uma lista de todas as referências das Escrituras onde esta palavra é mencionada. Então comece a estudar o assunto.

É óbvio que algumas das coisas com as quais você está preocupado podem não estar mencionadas nas Escrituras exatamente da forma como você imagina; portanto, procure os sinônimos. Este é um caminho para a investigação bíblica.

Segundo, esteja atento aos princípios e preceitos que você descobrirá. Lembra-se da diferença entre "limite de velocidade: 50 km/h" e "dirija com cuidado"? Esteja atento ao estudo bíblico e à igreja. Não é hora de divagar. É hora de instrução: é tempo de aprender. Faça anotações. Registre questões sobre as quais você quer pensar.

Outro lado da investigação bíblica é seu tempo com o Senhor. Também pode ser o tempo que você passa em conversa com seus amigos cristãos. Em vez de sentar-se na hora do almoço e ficar falando sobre o último lançamento do cinema, discuta assuntos de valor. Lembre-se: o nível mais baixo de conversação são as pessoas. Depois, vêm os eventos. O mais alto nível são a verdade e as idéias.

Convide um amigo para almoçar e diga "enquanto comemos, gostaria muito de conversar sobre...". Ao dizer isso, você estará estabelecendo a agenda do dia. Você descobrirá que vai comer menos e pensar mais. Escolha seu parceiro de almoço com cuidado, tanto porque você quer ouvir as idéias dele quanto pela questão de se tornar vulnerável.

Como último item relativo à investigação bíblica, mesmo correndo o risco de ser dolorosamente elementar, eu sugeriria que você lesse uma Bíblia com uma tradução boa e confiável. A investigação bíblica exige uma interpretação sensível e consistente das Escrituras. Estude as passagens dentro de seu contexto. Não pegue o versículo 7 e ignore os de 1 a 6. Fazer isso é o mesmo que apreciar um diamante sem que ele esteja no lugar apropriado. Se não estiver num anel ou numa jóia, o diamante fica solto e pode perder-se. Contudo, quando está devidamente colocado em seu lugar, você pode apreciar toda a beleza daquela gema. O mesmo acontece com os versículos das Escrituras.

A Palavra de Deus responde à maioria de nossas perguntas, mas encontrar as respostas exige tempo, paciência e esforço. É como um livro ou manual de seu programa de computador. Às vezes é preciso cavoucar para encontrar as respostas, mas elas estão lá (quando se trata de computadores, alguns de nós precisam cavar por um longo tempo!). Você poderá ler os lábios de Deus com maior facilidade se passar tempo suficiente com sua Palavra.

C: Clarificação e convicção do Espírito Santo. A combinação da Palavra e do Espírito de Deus trabalha dentro de nós tal qual uma compulsão interna. Você é atraído, como se alguém segurasse sua roupa e o puxasse em determinada direção... como um ímã interior, aproximando-o daquele objetivo.

Quando você anda no Espírito e reflete intensamente nas Escrituras, quando está aberto para a direção que Deus está apontando, aquele ímã vai começar a atraí-lo e você terá um senso de direção. Pode ser que leve algum tempo, mas ele vai chegar. Davi diz no Salmo 40:1: "Esperei confiantemente pelo SENHOR; ele se inclinou para mim e me ouviu quando clamei por socorro". A *Nova Tradução na Linguagem de Hoje* traz a seguinte expressão: "Esperei com paciência pela ajuda de Deus, o Senhor. Ele me escutou e ouviu o meu pedido de socorro".[3]

"Esperei, esperei, esperei... e finalmente Deus fez o que disse que faria." Tenha em mente que Deus não trabalha de acordo com um relógio de 24 horas. Seu tempo é eterno. Além do mais, ele conhece seu plano para nós, mesmo quando estamos tão confusos a ponto de nem mesmo saber o que perguntar.

Se você quer uma prova disso, considere estes importantes pensamentos de Romanos 8:

> Pois todos os que são guiados pelo Espírito de Deus são filhos de Deus. Porque não recebestes o espírito de escravidão, para viverdes, outra vez, atemorizados, mas recebestes o espírito de adoção, baseados no qual clamamos: Aba, Pai. O próprio Espírito testifica com o nosso espírito que somos filhos de Deus. Ora, se somos filhos, somos também herdeiros, herdeiros de

> Deus e co-herdeiros com Cristo; se com ele sofremos, também com ele seremos glorificados.
>
> Também o Espírito, semelhantemente, nos assiste em nossa fraqueza; porque não sabemos orar como convém, mas o mesmo Espírito intercede por nós sobremaneira, com gemidos inexprimíveis. E aquele que sonda os corações sabe qual é a mente do Espírito, porque segundo a vontade de Deus é que ele intercede pelos santos.
>
> Romanos 8:14-17,26-27

Isso não é incrível? Paulo está fazendo uma confissão: "às vezes fico num tal estado de incerteza que nem sei o que ou como pedir, mas Deus entende até mesmo os meus 'gemidos'."

Você já passou por isso? Há momentos em que a única coisa que consigo fazer em minhas orações é literalmente gemer. Por mais impressionante que isso possa parecer, de alguma maneira o Espírito Santo interpreta os "gemidos profundos demais para expressarem palavras" e os coloca diante da maravilhosa presença de Deus de modo claro e correto. O Espírito de Deus faz isso. Conforte-se com isso, em especial se você é daqueles que gostam de usar palavras para tudo. Realmente não é preciso dizer cada detalhe de sua preocupação. Portanto, pare de ficar tentando!

Estou sendo totalmente honesto nessas declarações. Há momentos em que me sento diante da mesa, diante de determinada situação da qual não vejo saída e apenas digo: "Ajuda-me, Senhor, ajuda-me, ajuda-me". Não consigo falar nenhuma outra coisa. "Ajuda-me." E ele me ajuda, mesmo!

Quando estamos dispostos a esperar e deixar que Deus assuma o controle do problema, é exatamente isso o que ele faz. O problema aparece quando levanto da mesa e digo: "eu sei como lidar com isso. Vou cuidar dessa situação agora mesmo". E invariavelmente me arrependo dessas ações guiadas pela carne.

É claro que, às vezes, o que Deus quer de nós é ação. Mas em geral é melhor esperar. Como alguém já disse: "Nunca me arrependo pelas coisas que não disse". Poucas vezes me arrependi dos momentos em que fiquei esperando. Normalmente quanto maior a decisão, mais longa a espera.

D: Descubra se existe paz. "Seja a paz de Cristo o árbitro em vosso coração, à qual, também, fostes chamados em um só corpo; e sede agradecidos. Habite, ricamente, em vós a palavra de Cristo; instruí-vos e aconselhai-vos mutuamente em toda a sabedoria, louvando a Deus, com salmos, e hinos, e cânticos espirituais, com gratidão, em vosso coração." (Cl 3:15,16). Deixe que a paz de Cristo mande na situação. Deixar que a paz de Cristo seja o árbitro. É o mesmo que dizer que ela deve governar, servir de referência.

O árbitro (ou juiz) é a palavra final de um jogo. Ele toma as decisões finais, diz o que foi falta e o que não foi e resolve situações antes que elas se transformem em conflito. Ele mantém o jogo em andamento. É isso o que acontece com a paz.

Se você me dissesse que passou por uma dificuldade e que tomou uma decisão, eu lhe perguntaria: "Você está em paz em relação a tudo isso?". E, se você respondesse: "Sabe, não estou tranqüilo. Na verdade, não estou em paz", então eu diria: "Se você não tem paz, então ainda está batendo cabeça. E se está batendo cabeça, então ainda não chegou lá". Nunca siga adiante em decisões importantes se não tiver paz!

Deixe-me adicionar um item para os casados. Quando estiverem para tomar uma decisão, seu cônjuge também deve estar em paz. Resista ao impulso de arrastar seu marido ou sua esposa contra a vontade dele/dela. Raramente vi essa atitude funcionar. Alguns homens têm um enorme prazer em fazer isso: "Vamos agir assim quer ela esteja pronta, quer não. Está claro que ela não está aberta para Deus".

Espere um pouco: ela conhece você melhor que qualquer outra pessoa na terra. Ela é parte do projeto e sua parceira, o que significa que vocês são um. Na verdade, as Escrituras nos ensinam que vocês são um a tal ponto que suas orações serão interrompidas. "Maridos, vós, igualmente, vivei a vida comum do lar, com discernimento; e, tendo consideração para com a vossa mulher como parte mais frágil, tratai-a com dignidade, porque sois, juntamente, herdeiros da mesma graça de vida, para que não se interrompam as vossas orações" (1 Pe 3:7).

Meu bom amigo Tom Kimber (que mencionei anteriormente) jamais teria ido à China se tivesse de arrastar Sue. E eu o conheço suficientemente bem para saber que ele de fato não o teria feito. Eles foram porque ambos tinham paz quanto à decisão tomada.

Um importante teólogo do passado chamado dr. Lightfoot escreveu: "Sempre que houver um conflito de motivação, interesses, impulsos ou razões, a paz de Cristo deve entrar na discussão, decidir e prevalecer". Que maneira fantástica de expressar a idéia! Onde reinar o conflito de interesses e motivações, a paz de Cristo conseguirá acalmar as coisas.

Não tento convencer nem demover pessoas das decisões que tomaram. Há momentos em que desejamos que uma pessoa se junte a nós no programa de rádio, na igreja ou no Seminário de Dallas, pois sinto que aquela é a pessoa certa para a posição. Mas se ela não está segura disso, não pressiono. Já agi desse modo no passado e, invariavelmente, arrependi-me. Se alguém me disser: "Olha, sinto que Deus está me conduzindo para outra direção", não argumento. Em vez disso, incentivo e aplaudo a decisão.

Deus não nos revela sua vontade para outra pessoa. Ele a revela àquela pessoa. Se alguma advertência for necessária, talvez seja preciso alertá-la. Se percebemos perigo na decisão (esse é o papel do "sábio conselheiro" de que falamos anteriormente), talvez queiramos destacá-lo. Mas a decisão final é entre a pessoa e Deus, que dá o senso de paz interior.

E: Espere lutas e surpresas enquanto colhe os resultados. "Meus irmãos, tende por motivo de toda alegria o passardes por várias provações, sabendo que a provação da vossa fé, uma vez confirmada, produz perseverança" (Tg 1:2-3). Às vezes entramos numa situação que se revela claramente como a vontade de Deus para nós. Refletimos sobre ela, recebemos conselhos de pessoas que respeitamos, temos paz... e não se passam duas semanas para exclamarmos: "*Isso é uma canoa furada!*"

Essas coisas acontecem! Portanto, até mesmo dentro da vontade de Deus existem surpresas e lutas. Mas ainda assim temos paz, sabendo que somos nós que devermos lidar com aquela canoa furada.

Este é o plano de Deus. É ali que ele quer nos usar. Mas isso não quer dizer que não haverá mistérios – lembre-se disso!

ALGUNS CONSELHOS PRÁTICOS

Gostaria de concluir este capítulo com algumas sugestões bastante práticas. Uma se refere ao segredo de conhecer a vontade de Deus e a outra ao sucesso que se segue à primeira.

Primeiro, o segredo de conhecer a vontade de Deus está em que devemos estar acima de quaisquer desculpas e racionalizações. Lembra-se da desculpa de Jeremias? "Então, lhe disse eu: ah! SENHOR Deus! Eis que não sei falar, porque não passo de uma criança" (Jr 1:6).

Será que ele achava que Deus não sabia disso? Deus não chama você para determinada tarefa para ser comparado com outras pessoas. Você é chamado como um instrumento. E, no plano de Deus, você é invencível neste papel.

Segundo, o sucesso que se segue à vontade de Deus está em Deus, não em você. Isso tira todo o peso e o esforço da questão. Às vezes, no meio de uma situação difícil, sinto-me atolado até o pescoço de modo que a única paz que consigo está em dizer: "Senhor, aqui estou eu de novo, totalmente entregue. Este era o teu plano desde o início".

É nesse momento que me volto à investigação bíblica do manual de Deus. Nele encontro respostas como aquela que Deus ofereceu à desculpa esfarrapada de Jeremias:

> Mas o SENHOR me disse: Não digas: Não passo de uma criança; porque a todos a quem eu te enviar irás; e tudo quanto eu te mandar falarás. Não temas diante deles, porque eu sou contigo para te livrar, diz o SENHOR. Depois, estendeu o SENHOR a mão, tocou-me na boca e o SENHOR me disse: Eis que ponho na tua boca as minhas palavras.
>
> Tu, pois, cinge os lombos, dispõe-te e dize-lhes tudo quanto eu te mandar; não te espantes diante deles, para que eu não te infunda espanto na sua presença. Eis que hoje te ponho por cidade fortificada, por coluna de ferro e por muros de bronze, contra todo o país, contra os reis de Judá, contra os seus prín-

> cipes, contra os seus sacerdotes e contra o seu povo. Pelejarão contra ti, mas não prevalecerão; porque eu sou contigo, diz o SENHOR, para te livrar.
>
> Jeremias 1:7-9,17-19

Não creio que tiramos esses versículos de seu contexto ao clamar por coisas assim no momento em que fazemos a vontade de Deus. Creio que esses versículos foram preservados para nossa meditação e aplicação, pois tenho visto Deus fazer exatamente isso que ele disse aqui. Tenho visto Deus tomando pastores jovens, recém-saídos do seminário, e colocando-os em situações que exigem sabedoria, habilidade e capacitação muito além daquilo que aprenderam na escola, e vejo-os permanecerem firmes como muros de bronze.

Vejo mulheres que, por causa da morte de seus maridos ou do divórcio, são forçadas a lidar com situações com as quais nunca se confrontaram antes. E as vejo firmes como colunas de ferro, surpreendendo até a si mesmas pela capacidade de lidar com a pressão... surpresas por não serem derrotadas. Quando estamos na vontade de Deus, ele permanece bem a nosso lado!

Permita-me voltar a uma das reflexões de Peterson sobre Jeremias. Prefiro que você leia suas palavras, pois ele soube se expressar melhor do que eu poderia fazê-lo.

> A força do profeta não foi obtida pela formação de calos em seu espírito altamente sensível. Durante toda a vida, Jeremias experimentou uma impressionante gama de emoções. Aparentemente seu espírito registrou todas elas. Ele se revelou uma daquelas pessoas afinadas que percebem o menor tremor a seu redor e a ele respondem. Ao mesmo tempo, ele era alguém que não se entregava às investidas e às zombarias, à perseguição e à oposição.
>
> A perfeita integração de força e sensibilidade, de firmeza e sentimento é algo extremamente raro. De vez em quando vemos pessoas sensíveis que são nervosas a maior parte do tempo. Elas passam mal ao ver sangue. Sua sensibilidade as incapacita de agir diante da competição selvagem de nosso mundo.

Em contraste, vemos outros que são moralistas rígidos, extremamente severos, implacáveis defensores da retidão. Nunca existe dúvida sobre sua posição defendida de modo dogmático, seus princípios, no entanto, são martelos que esmigalham crânios e moem a carne. O mundo cria uma enorme cerca ao redor dessas pessoas. É perigoso passar muito tempo na companhia delas pois, caso detectem em nós uma fraqueza mental ou falta de padrões claros de moralidade, teremos sorte se escaparmos apenas com uma dor de cabeça.

Mas Jeremias não era assim. Educado por meio da vara da amendoeira, sua sensibilidade interior àquilo que era pessoal, vindo de Deus ou dos homens, aprofundou-se e desenvolveu-se. Educado para a ação, sua capacidade exterior de lidar com o mal desumano e de resistir à intimidação destrutiva tornou-se invencível: "cidade fortificada, por coluna de ferro e por muros de bronze". Nada mal para alguém que não passava de uma criança.[4]

Quero encorajá-lo a não se apressar, como fez Jeremias, e começar a ensaiar as desculpas que dará a Deus. Você acha que ele já não sabe de tudo? *Todos nós temos nossas deficiências!* Se não fôssemos assim, não precisaríamos de Deus.

Nosso conforto vem do fato de sabermos que tudo o que Deus faz é bom – inclusive seu plano para nossas vidas. Sua misericórdia vem rapidamente em nosso resgate. Ele é longânimo e paciente muito além de nossa imaginação, com plena disposição para nos usar, com defeitos e tudo.

Parte II

AS BÊNÇÃOS DA VONTADE DE DEUS

Não vos entristeçais, pois não compreendeis
os mistérios da vida; por trás do véu
esconde-se o deleite.

Hafiz, *Divan*

Entregue o passado à misericórdia de Deus,
o presente a seu amor e o futuro a sua
providência.

Santo Agostinho, *Confissões*

Que valor tem a compaixão que não toma
o objeto de sua misericórdia nos braços?

Saint-Exupéry, *The Wisdom of the Saints*

7

A magnífica *chesed* de Deus

Há vários anos minha irmã Lucy me fez uma pergunta que ninguém me fizera antes:

— Qual é seu sentimento favorito?

Você já pensou numa coisa dessas? Minha resposta foi:

— Acho que meu sentimento favorito é o sentimento de realização — (Parece a resposta de uma pessoa bem ativa, não?). Gosto da sensação de ter as coisas feitas. "Concluído" é uma das minhas palavras favoritas.

Quando lhe fiz a mesma pergunta, minha irmã respondeu:

— Meu sentimento predileto é o de alívio.

Achei que fora uma ótima resposta. Na verdade, melhor do que a minha! Quando, mais tarde, fui olhar no dicionário, descobri que o sentimento de alívio também quer dizer "diminuição de dor, de peso, de trabalho etc. Desopressão, desafogo".

Se estamos sentindo dor física, alívio significa que a dor diminui ou cessa.

Se estamos emocionalmente perturbados, o alívio nos acalma, nos dá um senso de satisfação.

Se a culpa pela transgressão nos assalta e buscamos o perdão de Deus, a culpa – que é semelhante a um câncer dentro de nós – se vai no momento em que Deus nos dá o alívio.

Se um relacionamento sofre um abalo – às vezes até com uma pessoa muito próxima de nós –, não sentimos alívio até que passemos pelo doloroso processo de acertar as coisas com ela.

Se carregamos o fardo de grandes dívidas financeiras, o pagamento traz a doce sensação de alívio.

No capítulo 5 aprendemos que o Deus altíssimo e soberano é o governador de nossas vidas. Portanto é óbvio concluir que, em todos os momentos em que sentimos alívio, ele foi trazido por Deus. Ele é o autor do alívio. Ele é quem nos dá a paz, a satisfação e a calma.

Creio que alívio é um maravilhoso sinônimo de misericórdia. Misericórdia é a compaixão ativa de Deus que é demonstrada ao miserável. Experimentamos misericórdia quando passamos por momentos de profunda dificuldade, e Deus põe em prática sua compaixão para nos trazer o alívio.

Misericórdia. Ela não é compaixão passiva. Não é simplesmente compreensão. Não é apenas afeição. É uma ação divina em nosso favor, pela qual ele nos dá a sensação de alívio. Deus, nosso compassivo e atencioso Pai celestial, é o autor do alívio. E, quando chegam aqueles misteriosos e confusos momentos em que fazer sua vontade resulta no inesperado, não há nada melhor que misericórdia para tornar as coisas mais agradáveis.

MISERICÓRDIA: NOSSA FONTE DE ALÍVIO

O maravilhoso da misericórdia é que ela é demonstrada tanto ao ofensor quanto à vítima. Quando o ofensor percebe seu erro, Deus entra com a misericórdia. Quando a vítima precisa de ajuda para prosseguir, Deus oferece misericórdia.

> Ele vos deu vida, estando vós mortos nos vossos delitos e pecados, nos quais andastes outrora, segundo o curso deste mundo, segundo o príncipe da potestade do ar, do espírito que agora atua nos filhos da desobediência; entre os quais também todos nós andamos outrora, segundo as inclinações da nossa carne, fazendo a vontade da carne e dos pensamentos; e éramos, por natureza, filhos da ira, como também os demais.

> Mas Deus, sendo rico em misericórdia, por causa do grande amor com que nos amou, e estando nós mortos em nossos delitos, nos deu vida juntamente com Cristo, — pela graça sois salvos, e, juntamente com ele, nos ressuscitou, e nos fez assentar nos lugares celestiais em Cristo Jesus; para mostrar, nos séculos vindouros, a suprema riqueza da sua graça, em bondade para conosco, em Cristo Jesus.
>
> Efésios 2:1-7

"Mas Deus", diz o apóstolo, "sendo rico em misericórdia". O elo de ligação entre o Deus santo e a pessoa pecadora é o amor de Deus. Ele coloca sua graça em ação, e esta, por sua vez, faz sua misericórdia entrar em cena. São como peças de dominó divino que batem umas nas outras. Ele nos ama não por possuirmos alguma coisa em nosso interior, mas por algo que está dentro dele. Em seu amor, Deus demonstra sua graça, a qual nos traz perdão. E, no topo de tudo isso, a graça leva à misericórdia... e lá está: *alívio!*

Para deixar as coisas mais no âmbito pessoal, dê uma olhada no próprio testemunho de Paulo em 1 Timóteo 1:12-13. Em Efésios 2 ele escreve sobre todos. Em 1 Timóteo 1 ele escreve sobre si mesmo.

> Sou grato para com aquele que me fortaleceu, Cristo Jesus, nosso Senhor, que me considerou fiel, designando-me para o ministério, a mim, que, noutro tempo, era blasfemo, e perseguidor, e insolente. Mas obtive misericórdia, pois o fiz na ignorância, na incredulidade.

Leia com vagar essas três descrições da vida anterior de Paulo. Primeiro, ele diz "[eu] era blasfemo". A palavra quer dizer "aquele que insulta com blasfêmias". "Eu insulto o povo de Deus. Eu não gostava dos cristãos. Eu os acusava de crimes contra Deus. Eu era blasfemo."

Segundo, "[eu era] perseguidor". Ele usava de todos os meios disponíveis na lei judaica para ferir, humilhar e até mesmo aniquilar cristãos.

E, por fim, a terrível constatação: "[eu era] insolente". A palavra grega indica um tipo de "sadismo arrogante". Ela descreve uma pessoa que sai para infligir dor ou injúrias por simples prazer. "Adoro fazê-los se contorcer de dor. Gosto de vê-los chorar. Meu prazer é vê-los eliminados desta terra!"

Normalmente não é isso o que nos vem à mente quando pensamos em Paulo, mas é assim que ele descreve a si mesmo diante de Cristo. E antes que você comece a contar vantagem ou balançar a cabeça diante de Paulo dizendo "que vergonha!", saiba que a mesma natureza está dentro de você. Pode ser que ela não se manifeste dessa forma nem com essas ações, mas ela se mostra de outras maneiras.

A maioria de nós é capaz de se lembrar de atos de crueldade que já cometemos. O que é verdadeiro para o apóstolo também o é para nós. Deus demonstrou misericórdia com Paulo e faz o mesmo por nós (que alívio!).

Você é capaz de imaginar como ficou a consciência de Paulo quando o Senhor o encontrou no caminho de Damasco? Dá para imaginar o sentimento de culpa? Você consegue imaginar o que ele sentiu quando sua vida passou diante dele como um videoteipe, enquanto estava cego, antes de Deus revelar-lhe o plano para sua vida? Você consegue imaginar como ele se sentiu? A enormidade da dor de seu passado? E como foi ouvir a voz de Deus dizendo "quero usar você, Saulo, em minha obra"?

John Newton conheceu o mesmo tipo de angústia, fato revelado quando ele mesmo escreveu o epitáfio para sua tumba:

John Newton, clérigo.
No passado, um pagão libertino,
Servo de escravos na África
Que, pela misericórdia de Nosso Senhor e
Salvador Jesus Cristo,
Foi preservado, restaurado, perdoado
E escolhido para pregar a fé
Que ele por tanto tempo trabalhou para destruir.[1]

Alguns de vocês devem ser cristãos há tanto tempo que já se esqueceram de como eram diante de Cristo antes de se converterem. Será que isso explica o fato de você ainda ser tão orgulhoso? Talvez seja por isso que Deus passe tanto tempo extra tentando chamar sua atenção. Você se esqueceu de quanto não é merecedor de sua graça. Você se esqueceu da misericórdia de Deus.

Gosto muito da carta que Thomas Goodwin, um antigo puritano, escreveu para seu filho.

> Quando eu me sentia esfriar em meu ministério, nos dias em que percebia a manhã do Sabbath se aproximando sem que meu coração não estivesse maravilhado diante da graça de Deus, ou quando estava me preparando para celebrar a Ceia do Senhor, sabe o que costumava fazer? Fazia um retrospecto completo dos pecados de minha vida passada. Isso sempre me quebrantava, dando-me um coração contrito, pronto para pregar, como se pregava no início, o perdão dos pecados.
>
> Acho que nunca deixei de subir ao púlpito sem parar no primeiro degrau da escada e fazer um balanço dos pecados de minha vida passada. Não me lembro de ter preparado algum sermão sem ter dado algumas voltas ao redor de minha mesa olhando para os pecados de minha juventude e de toda a minha vida até o presente.
>
> E nas manhãs do Sabbath, quando minha alma estava fria e seca pela falta de oração durante a semana, uma avaliação criteriosa de meu passado, antes de subir ao púlpito, sempre quebrantou meu coração e aproximou minha alma do evangelho antes de eu começar a pregar.[2]

A coisa impressionante sobre os escritos do apóstolo Paulo é que ele freqüentemente volta a seus pecados do passado. Isso me lembra do que Grande Coração diz ao filho de Cristão na segunda parte de *O Peregrino*: "você deve se lembrar que a *Campina do Esquecimento* é o lugar mais perigoso de toda esta região".

Esforce-se para não esquecer como era a vida antes de Cristo e você se tornará um freqüentador assíduo do portão da misericórdia.

CINCO SITUAÇÕES DIFÍCEIS

No Antigo Testamento, a palavra hebraica traduzida como "misericórdia" é *chesed*. É uma palavra incrível, normalmente traduzida como "bondade" ou "graça". Quando pesquiso a palavra *chesed* no Antigo Testamento, descubro pelo menos cinco diferentes aflições às quais a misericórdia traz alívio. É como propaganda de sabão em pó: "Deixa um branco como você nunca viu". A misericórdia arranca todas as manchas que a angústia deixou em sua vida.

A primeira aflição que a misericórdia alivia é a do tratamento injusto. Basta olharmos para a história de José para termos um exemplo disso: um grande e piedoso homem que foi falsamente acusado.

A esposa de Potifar aborda José por diversas vezes. A cada investida dela corresponde uma rejeição de José. Finalmente ela consegue encurralá-lo em sua casa com as portas trancadas, os servos de folga e à meia-luz. De maneira sedutora ela diz: "deite-se comigo". José olha em seus olhos e recusa... fugindo dela num ímpeto. Ela fica tão furiosa que o agarra, rasga um pedaço de sua roupa e grita "Tarado!". O grito chega aos ouvidos de seu marido, Potifar, e José é jogado na cadeia, embora nunca tivesse sequer encostado a mão naquela mulher. A história pode ser lida em Gênesis 39. Então, no final do relato, a *chesed* aparece:

> O SENHOR, porém, era com José, e lhe foi benigno, e lhe deu mercê (*chesed*) perante o carcereiro.
>
> Gênesis 39:21

Onde se manifestou a misericórdia? Na cela de uma prisão. O Senhor visitou José numa prisão egípcia e aliviou-o da aflição de sofrer injustamente. Deus ministrou ao coração de José e tirou dele a amargura. Deus "lhe deu mercê perante o carcereiro".

Chuck Colson já me contou diversas histórias de pessoas atrás das grades, tanto de sua própria experiência como das pessoas às quais ministrou durante vários anos. E a misericórdia brotava dentro de mim todas as vezes em que ele descrevia as cenas ocorridas naquelas celas escuras, onde reinavam a solidão e o arrependimento.

José está num lugar assim, carente de encorajamento, e Deus demonstra a *chesed*. Deus deu a ele sua misericórdia.

Pode ser que você não esteja numa prisão, mas talvez esteja passando por um período de críticas injustas, muito embora obedeça ao

Senhor e siga sua orientação. Você está dentro de sua vontade, mas se vê carente de sua *chesed*. Pode estar sofrendo a contracorrente de afirmações injustas feitas contra você. Você precisa do tipo de alívio que somente Deus pode dar, aquele que o Senhor deu a José naquela cela no Egito.

Mesmo quando você é esquecido por aqueles que deveriam se lembrar de você, quando alguém não cumpre o que lhe prometeu, quando é deixado sozinho e (só você) sabe que seu coração é justo, Deus lhe oferece misericórdia. Ele vai trazer-lhe alívio. Virá até você no meio de sua solidão.

A segunda aflição que a misericórdia alivia é a do lamento da perda. O livro de Rute nos dá um maravilhoso exemplo disso.

O livro de Rute começa, na verdade, com a história de Elimeleque, Noemi e seus dois filhos. Quase imediatamente após o início lemos que o marido de Noemi morre, um tanto jovem ao que parece, deixando-a sozinha para criar seus dois filhos.

Depois de crescidos, os dois jovens se casam com mulheres moabitas, chamadas Orfa e Rute. Cerca de dez anos depois, os dois filhos de Noemi morrem e, de repente, a família se resume a três viúvas: a sogra, chamada Noemi, e as duas noras, Orfa e Rute, lamentando a morte de seus queridos.

Pense nisso. É provável que Noemi ainda estivesse tentando se recuperar da perda de seu marido e, agora, precisava enfrentar a perda de seus dois filhos. E as noras perderam seus maridos. É muita morte numa família só. A necessidade da *chesed* era grande. As pessoas precisam de misericórdia no momento em que o luto invade suas vidas... mesmo quando ele faz parte da vontade de Deus.

> Disse-lhes Noemi: Ide, voltai cada uma à casa de sua mãe; e o SENHOR use convosco de benevolência, como vós usastes com os que morreram e comigo. O SENHOR vos dê que sejais felizes, cada uma em casa de seu marido. E beijou-as. Elas, porém, choraram em alta voz.
>
> Rute 1:8,9

Noemi está dizendo "que o Senhor lhes dê de sua misericórdia em seu luto. Que ele ajude vocês quando a dor for grande demais e não souberem aonde ir; quando as luzes se apagarem à noite e não houver ninguém por perto para colocar os braços ao redor de seus ombros".

É fácil ler tudo isso com muita rapidez, em especial se você não passou recentemente por alguma experiência de luto. Porém, em algum momento, todos nós passaremos. Quando isso acontecer, lembre-se de que Deus tem uma misericórdia especial para aqueles que são deixados viúvos ou viúvas, bem como para os que ficam como pais ou filhos enlutados.

Aconteceu em 20 de abril de 1999, na cidade de Littleton, no estado norte-americano do Colorado. Famílias de coração partido ficaram chocadas ao ouvirem que seus filhos e suas filhas, além de um marido, foram baleados e mortos. Naquela manhã, as famílias viram seus parentes saírem, mas na noite daquele mesmo dia elas se viram em pé, de luto, numa casa funerária. Se havia um lugar onde a misericórdia era necessária, o lugar era aquele. Quem poderia explicar que um episódio tão trágico poderia estar incluído na vontade permissiva de Deus? A misericórdia suaviza duros momentos de confusão como esses.

A vontade de Deus pode ser a de que você seja uma Noemi. Você pode ser aquele que vai colocar os braços ao redor de quem está angustiado, trazendo-lhe alívio. Nessas circunstâncias, as pessoas precisam de sincera compaixão. Precisam de sua presença amorosa. Por isso Deus usa pessoas como nós nos momentos de angústia para estender sua *chesed* à medida que o luto age na tristeza que sentem.

A terceira aflição que a misericórdia alivia é a de lutar contra uma deficiência. Para ver um maravilhoso exemplo disso, basta ir ao livro de 2 Samuel, capítulo 9, que se tornou um de meus capítulos favoritos do Antigo Testamento. Ele gira em torno de um homem com um nome que mais parece um trava-língua: Mefibosete.

Mefibosete era neto do rei Saul. De acordo com costumes antigos, quando um rei morria e uma nova dinastia começava a reinar, todos os descendentes do velho rei eram aniquilados. Assim, logo que se ouviu que tanto Saul quanto Jônatas, o pai de Mefibosete, haviam sido mortos, a ama de Mefibosete tratou da questão por sua própria conta.

> Jônatas, filho de Saul, tinha um filho aleijado dos pés. Era da idade de cinco anos quando de Jezreel chegaram as notícias da morte de Saul e de Jônatas; então, sua ama o tomou e fugiu; sucedeu que, apressando-se ela a fugir, ele caiu e ficou manco. Seu nome era Mefibosete.
>
> 2 Samuel 4:4

Não creio que Davi permitiria que aquela criança fosse molestada de alguma maneira; além do mais, o pequenino era filho de Jônatas, o mais querido amigo de Davi. Porém, sem saber disso, aquele jovem se escondeu do rei por vários anos. Aleijado e esquecido, ele viveu uma vida obscura, num lugar chamado Lo-Debar, cujo significado é "terra sem pastagens". É uma descrição precisa de um lugar de poucos recursos.

Então, de repente, num dia qualquer de sua pompa e prosperidade, Davi se lembra de seu amigo Jônatas, provavelmente pensando na saudade que sentia dele – talvez até se lamentando da perda do amigo.

> Disse Davi: Resta ainda, porventura, alguém da casa de Saul, para que use eu de bondade para com ele, por amor de Jônatas? Havia um servo na casa de Saul cujo nome era Ziba; chamaram-no que viesse a Davi. Perguntou-lhe o rei: És tu Ziba? Respondeu: Eu mesmo, teu servo. Disse-lhe o rei: Não há ainda alguém da casa de Saul para que use eu da bondade de Deus para com ele? Então, Ziba respondeu ao rei: Ainda há um filho de Jônatas, aleijado de ambos os pés.
>
> 2 Samuel 9:1-3

As Escrituras não dizem o que se passou pela mente de Ziba, mas é possível que ele tenha pensado assim: "É melhor eu avisar o rei que Mefibosete é aleijado, pois, assim, acho que ele vai pensar duas vezes". Mas, se foi isso o que ele pensou, então Ziba não conhecia Davi nem o Deus de Davi, que tinha um lugar especial em seu coração para aquele deficiente.

O rei não perdia uma. Gosto disso. Ele nunca diz: "Puxa, é mesmo? Qual a seriedade dessa deficiência?" Ele não diz "o garoto usa muletas? Consegue andar de alguma maneira?" Não. Em vez disso, ele rapidamente pergunta "onde ele está?".

> E onde está? Perguntou-lhe o rei. Ziba lhe respondeu: Está na casa de Maquir, filho de Amiel, em Lo-Debar. Então, mandou o rei Davi trazê-lo de Lo-Debar, da casa de Maquir, filho de Amiel. Vindo Mefibosete, filho de Jônatas, filho de Saul, a Davi, inclinou-se, prostrando-se com o rosto em terra. Disse-lhe Davi: Mefibosete! Ele disse: Eis aqui teu servo!
>
> 2 Samuel 9:4-6

É bem provável que Mefibosete estivesse esperando para ser morto. Mas Davi mostra-lhe misericórdia... a magnífica *chesed* de Deus.

> Então, lhe disse Davi: Não temas, porque usarei de bondade [*chesed* – eis aquela palavra maravilhosa de novo!] para contigo, por amor de Jônatas, teu pai, e te restituirei todas as terras de Saul, teu pai, e tu comerás pão sempre à minha mesa.
>
> 2 Samuel 9:7

Na verdade Davi foi muito além. Ele não somente demonstrou misericórdia para com Mefibosete por consideração a seu pai (o amigo de Davi), como lhe restaurou toda a terra de seu avô Saul (o inimigo de Davi). E, como se não bastasse, Davi o fez parte de sua família. "Sempre haverá um lugar para você à minha mesa", disse ele.

É fácil para nós, em especial num momento de descuido, tratar com piedade ou condescendência aqueles que não são perfeitos física e emocionalmente, quase como se eles fossem menos que humanos. O próprio Mefibosete considera-se um "cão morto" (2 Sm 9:8), refletindo o tipo de autocomiseração ou falta de auto-estima que, às vezes, acompanha aqueles que são deficientes. Mas Davi o via de modo diferente:

> Disse Ziba ao rei: Segundo tudo quanto meu senhor, o rei, manda a seu servo, assim o fará. Comeu, pois, Mefibosete à mesa de Davi, como um dos filhos do rei. Morava Mefibosete em Jerusalém, porquanto comia sempre à mesa do rei. Ele era coxo de ambos os pés.
>
> 2 Samuel 9:11,13

Isso não é *bom*? Melhor dizendo, isso não é misericórdia? Gosto muito da história verídica de um homem que pregou sobre essa passagem e, no final do sermão, disse: "e a toalha da mesa cobria seus pés".

Todas as noites, na hora do jantar, lá estava o atlético Joabe, com toda a sua destreza na área militar, o belo Absalão e todos os outros membros da casa de Davi. Enquanto esperavam pelo jantar, ouviam primeiramente as muletas e, depois, o arrastar dos pés de Mefibosete enquanto se sentava à mesa. E a toalha cobria seus pés.

Deus tem uma misericórdia especial para com os deficientes... e, deixe-me dizer, também para com aqueles que ministram aos deficientes. É necessária uma misericórdia especial para uma necessidade especial.

No ano passado eu dirigia por uma auto-estrada e notei que o carro da frente tinha uma placa personalizada. A placa chamou minha atenção, pois a palavra escrita na placa era *"Chesed"* – o termo hebraico para misericórdia. Pegamos a mesma saída e, então, pude notar, ao parar no semáforo, que o motorista era portador de deficiência. Era como se a placa do carro dissesse: "preciso de misericórdia. Tenha calma. *Chesed*". Há uma misericórdia especial para todos aqueles que lutam com deficiências de qualquer tipo.

A quarta aflição que a misericórdia alivia é a do sofrimento. Ninguém exemplifica melhor este ponto do que nosso velho amigo Jó.

> A minha alma tem tédio à minha vida; darei livre curso à minha queixa, falarei com amargura da minha alma. Direi a Deus: Não me condenes; faze-me saber por que contendes comigo. Parece-te bem que me oprimas, que rejeites a obra das tuas mãos e favoreças o conselho dos perversos? Tens tu olhos de carne? Acaso, vês tu como vê o homem? São os teus dias como os dias do mortal? Ou são os teus anos como os anos de um homem, para te informares da minha iniqüidade e averiguares o meu pecado?
>
> Jó 10:1-6

Eis aqui um homem para quem já olhamos antes... um homem em tremenda angústia, tanto física quanto emocional. Imagine-se num hospital, na ala dos doentes com câncer, onde uma pessoa está morrendo em intensa dor e, da enormidade de sua dor física, surgem palavras como estas: "por que preciso passar por esta aflição física? Como teria sido bom se eu nem mesmo tivesse nascido". Era assim que Jó se sentia.

Mas dê uma olhada no versículo 12:

> Vida me concedeste na tua benevolência [chesed], e o teu cuidado a mim me guardou.
>
> Jó 10:12

Mesmo no meio da terrível luta de Jó contra o misterioso plano de Deus, do meio de sua aflição vem a magnífica presença da misericórdia divina – *chesed*.

Se você já esteve próximo de alguém que está passando por um longo período de sofrimento ou se você mesmo já passou por isso, então sabe que há pequenas pausas na dor quando a misericórdia de Deus sobrevém como uma chuva suave de alívio que lava sua tristeza e sua falta de coragem. Que refrescante!

Não estamos falando aqui de deficiências; estamos falando de um período de aflição física. É algo assim que Jó está enfrentando. E aqui, no meio de sua angústia, ele está dizendo: "O Senhor me concedeu vida e tem me dado misericórdia para continuar, para suportar".

Tenho um amigo que passou quase um ano ao lado de sua esposa enquanto ela sofria de câncer no ovário. Ele me contou que, em diversas ocasiões, Deus lhe deu um alívio misericordioso para a dor. Ele disse que era como se um anjo de misericórdia pairasse sobre o quarto.

Quando sofremos as conseqüências de um tratamento injusto, ali está a misericórdia de Deus. Quando sofremos a dor de uma perda, ali há misericórdia. Quando lutamos contra as limitações de uma deficiência, ali há misericórdia. Quando estamos feridos e passamos por dor física, ali há misericórdia. Todas as lutas terrenas que enfrentamos não são acidentes. Deus está no meio de todas elas, executando sua vontade soberana. Sim, é um mistério, o que significa dizer que precisamos de uma misericórdia especial para suportar a angústia e o mistério da dor.

A quinta aflição que a misericórdia alivia é a da culpa. E aqui, mais uma vez, voltamos a Davi, um personagem que nos dá uma clara idéia de como é a alma torturada de um homem culpado. A passagem mais clara das Escrituras que trata da angústia de um pecado oculto e do alívio da culpa confessada talvez seja a encontrada num dos salmos de Davi:

> Bem-aventurado aquele cuja iniqüidade é perdoada, cujo pecado é coberto. Bem-aventurado o homem a quem o SENHOR não atribui iniqüidade e em cujo espírito não há dolo. Enquanto calei os meus pecados, envelheceram os meus ossos pelos meus constantes gemidos todo o dia. Porque a tua mão pesava dia e noite sobre mim, e o meu vigor se tornou em sequidão de estio.
>
> Salmo 32:1-4

Você está vivendo uma mentira se estiver enganando a todos a seu redor. Quando o filho de Deus tenta esconder o pecado, a culpa literalmente o come vivo. No entanto, quando você afinal resolver sua situação com o pecado, confessando-o e declarando sua culpa, "a misericórdia de Deus o assistirá" – você será cercado da magnífica *chesed* de Deus.

> Confessei-te o meu pecado e a minha iniqüidade não mais ocultei. Disse: confessarei ao SENHOR as minhas transgressões; e tu perdoaste a iniqüidade do meu pecado. Muito sofrimento terá de curtir o ímpio, mas o que confia no SENHOR, a misericórdia [chesed] o assistirá.
>
> Salmo 32:5,10

Vemos este mesmo padrão no Salmo 51. Mesmo contexto. Mesmo homem. Mesmo conjunto de pecados. A maioria das traduções da Bíblia traz o seguinte título para este salmo: "Salmo de Davi, quando o profeta Natã veio ter com ele, depois de haver ele [Davi] possuído Bate-Seba". Isso aconteceu alguns meses depois de Davi ter cometido adultério e de ter colocado o marido de Bate-Seba, o general Urias, no ponto mais quente da batalha, onde certamente seria morto.

Davi guardara consigo seus pecados até aquele dia em que o profeta Natã olhou corajosamente nos olhos do rei e disse: "Foi você!". E a resposta de Davi, registrada neste salmo, foi "compadece-te de mim, ó Deus, segundo a tua *chesed*".

> Compadece-te de mim, ó Deus, segundo a tua benignidade; e, segundo a multidão das tuas misericórdias, apaga as minhas transgressões.
>
> Salmo 51:1

"Senhor, estou à tua mercê", clamou Davi. "Senhor, careço de tua misericórdia. Imploro por ela." E Deus lhe deu misericórdia.

Você se lembra da última parte do grande salmo de Davi, o 23?

> Bondade e misericórdia certamente me seguirão todos os dias da minha vida; e habitarei na Casa do SENHOR para todo o sempre.
>
> Salmo 23:6

A bondade e a misericórdia de Deus – sua *chesed*. Sua misericórdia.

A opinião de um comentarista singular é que, uma vez que esse salmo é escrito a partir do ponto de vista de um pastor e sua ovelha, esse último versículo poderia representar os cães pastores de Deus, chamados Bondade e Misericórdia.

Ovelha de Deus, você já parou para pensar que esses dois "cães" fiéis estão sempre cuidando e olhando por você? A presença deles nos lembra que o alívio chegou. Eles nos levam outra vez para perto do Pastor que, graciosamente, nos recebe e nos perdoa.

DOCES MISERICÓRDIAS

Quando sofro injustiça, a misericórdia de Deus alivia minha amargura. É isso o que acontece quando a *chesed* chega à minha cela. Estou na prisão do tratamento injusto. A amargura torna-se minha inimiga, mas a misericórdia alivia-me. A misericórdia alivia meu coração da amargura e, assim, posso enfrentar qualquer coisa que se coloque em meu caminho.

Quando lamento uma perda, a *chesed* de Deus alivia minha raiva. Em geral essa é a parte da aflição que não gostamos de admitir –

especialmente a raiva contra aqueles que nos deixaram, e contra Deus, que tirou nossos entes queridos. A misericórdia alivia nossa raiva. Não de modo instantâneo, mas como solução derradeira.

Ao lutar contra uma deficiência, a *chesed* de Deus alivia minha autocomiseração, que pode ser a principal inimiga do deficiente. Quando finalmente o deficiente resolve sua situação por meio da misericórdia de Deus, então está pronto para fazer grandes coisas para o Senhor. Mas é preciso haver misericórdia para que ele possa superar o obstáculo da autocomiseração.

Ao sofrer dor física e/ou emocional, a *chesed* alivia meu desespero. O grande temor daqueles que passam por longos períodos de dor é o desespero, a angústia profunda de não poder seguir adiante. De não conseguir enxergar um amanhã brilhante. O alívio parece ter sumido para sempre.

Quando a questão são os pecados, a *chesed* de Deus alivia minha culpa. A graça traz perdão, mas não faz nada pela minha culpa. O alívio da culpa exige misericórdia.

Gosto muito dos versos daquele velho hino, "Brilho Celeste":

Peregrinando vou pelos montes
E pelos vales, sempre na luz.
Cristo promete nunca deixar-me.
"Eis-me convosco", disse Jesus.[3]

É fácil ver-nos em situações terríveis... porém, a misericórdia nos traz, de modo misterioso, o alívio tão desesperadamente aguardado.

Um dos filmes de que mais gosto é *Tender Mercies*. É a história de dois opostos que se casam. Mac é um homem que perdeu a batalha para a bebida. A mulher é uma jovem viúva cujo marido foi morto no Vietnã quando ela estava grávida de seu primeiro filho, um menino. Depois de se casarem, Mac luta contra a bebida, mas ela nunca o ameaça ou faz grandes exigências. Com calma, graça, paciência e doces misericórdias, ela confia que Deus vai cuidar de seu marido.

A história chega ao clímax quando Mac, num ataque de depressão, sai de casa, compra uma garrafa de bebida e vai dar uma volta em sua picape. Quem assiste à cena tem certeza de que ele vai se embebedar. Mas ele volta para casa, tarde da noite, e encontra sua esposa na cama, recitando versículos bíblicos para encorajar a si mesma enquanto o marido estava fora. Ele entra no quarto e diz:

— Comprei uma garrafa, mas joguei a bebida fora. Não bebi nem uma gota sequer.

E, a partir daquele momento, sua vida dá uma guinada.

Trata-se da história simples de uma mulher que ama a Deus e que deseja ver seu marido amando ao Senhor também. Com doces misericórdias, ela o ganha para Deus. Mac desce às águas do batismo juntamente com seu enteado. Doces misericórdias. A justiça é temperada com misericórdia, e a misericórdia vem embalada pela doçura.

Quando Deus deu ordens aos israelitas para construírem o tabernáculo, pediu que fosse construída uma peça especial do mobiliário para o lugar mais santo. Não era apenas um lugar santo, mas o mais santo de toda a construção, chamado Santo dos Santos, escondido com segurança por trás de uma grossa cortina, onde a presença de Deus repousava. Essa peça de mobília era uma caixa santa chamada arca, na qual os israelitas deveriam colocar as tábuas da Lei e a vara de Arão que florescera.

Nessa arca havia uma tampa e, sobre ela, estavam colocados dois anjos esculpidos à mão, chamados querubins, um em cada lado, com as duas asas de ouro maciço tocando umas às outras. O lugar sobre o qual estavam os querubins era o mais entranhável do tabernáculo, pois na tampa da caixa o sangue foi aspergido século após século. Essa parte mais íntima do tabernáculo recebeu o nome de "propiciatório" ou, literalmente, "cobertura". Quando o sangue era aspergido sobre a arca, Deus ficava satisfeito. Sua ira era aplacada, enquanto sua misericórdia emergia.

Francis Schaeffer escreve: "Foi [Martinho] Lutero, enquanto traduzia o Antigo Testamento para o alemão, quem primeiramente usou a palavra 'propiciatório', entendida como 'cobertura'. É um termo solene e poético, mas que também expressa com clareza que a tampa da arca também era um lugar de misericórdia".[4] Não se tratava apenas do lugar da Lei rígida e exigente: tornou-se um lugar de carinho e afeição, de misericórdia perdoadora.

Como povo de Deus, também devemos ser um povo de misericórdia. Tal qual a esposa do filme, devemos diminuir nossas exigências e aumentar nossa compaixão, exatamente como Deus faz conosco com tanta freqüência. São suas doces misericórdias que de modo tão bonito equilibram sua soberania, sua justiça e sua santidade.

Que mistério! Deus, que tem todas as razões do mundo para nos julgar por nossas iniqüidades, graciosamente nos dá sua misericórdia. Misericórdia cheia de perdão. Misericórdia envolvida em amor. A magnífica *chesed* de Deus, a qual não merecemos... mas na qual encontramos grande alívio.

Por trás do invisível desconhecido está Deus,
por trás das sombras, olhando por aqueles
que são seus.

James Russel Lowell, *The Present Crisis*

Só sei de uma coisa: que o Pai celestial dá
a todos.

Milton, *Paraíso Perdido*

8

A misteriosa imutabilidade de Deus

Nenhum livro sobre a misteriosa natureza da vontade de Deus estaria completo sem alguns capítulos sobre a misteriosa natureza do próprio Deus. Estamos envolvidos nela, à medida que continuamos a examinar nas Escrituras esse fascinante assunto.

Como já dissemos várias vezes, é impossível compreender plenamente aquele a quem adoramos e prestamos culto, a cuja vontade desejamos obedecer. Ele é infinito. Ele também é o Senhor soberano; já declaramos essa verdade por meio de claras evidências bíblicas. E ele está cheio de doces misericórdias, muito embora questionemos isso, dada a visão míope que temos da vida.

Além do mais, aquele cuja vontade parece confusa e misteriosa é fiel eternamente... ele se mantém o mesmo, de modo imutável e consistente. Por mais estranho que possa parecer, nosso Deus permanece fiel, constante e sempre presente em nossas vidas, mesmo quando somos incapazes de perceber sua presença, mesmo quando questionamos seu plano... mesmo quando lhe desobedecemos, encaramos a realidade e sofremos as conseqüências.

Isso é verdadeiro não só sob a ótica pessoal, mas nacional. Uma nação pode descambar para uma série de comprometimentos morais que levam a trágicas conseqüências. Estas podem agravar-se a tal ponto que tudo se transforma em caos. Foi o que aconteceu com os antigos judeus. O profeta Oséias chamou a isso "colher tempestade":

> Porque semeiam ventos e segarão tormentas.
>
> Oséias 8:7a

O profeta está descrevendo seu próprio povo, que se extraviara. Por que isso aconteceu? Moisés deixara as coisas bem claras quando saíram do Egito e entraram em Canaã: "Vocês estão entrando numa cultura idólatra", advertiu Moisés. Na verdade, ele lhes disse: "é um modo de vida que se opõe ao nosso modelo monoteísta. Sejam fiéis. Resistam. Sejam diferentes. Não comprometam suas crenças. Nada de ídolos nem casamentos mistos. Lembrem-se de Jeová e obedeçam-lhe. Cuidado com os sinais de desgaste!".

Não demorou muito para os hebreus se esquecerem desses conselhos. Alguns mantiveram os ídolos cananeus. É possível que eles não tenham adorado os ídolos logo de início. A verdade é que eles realmente devem ter jogado os ídolos num canto qualquer. Mas por que não ficar com eles? Afinal, trata-se apenas de uma fina obra de escultura em madeira. Então, talvez um dos filhos daquela família tenha encontrado uma pequena e intrigante imagem e começado a brincar com ela. Mais tarde, a criança mostra a um vizinho que fica interessado e, antes que se perceba, mais e mais pessoas começaram a passar mais tempo com o ídolo. Isso levou a um maior envolvimento... e mais interesse... até que eles "semearam ventos" e, finalmente, "segaram tormentas".

Se você reservar um tempo para fazer um estudo sobre Oséias 8, verá uma série de fatos que levaram às tormentas. "Transgrediram a minha aliança e se rebelaram contra a minha lei" (v.1). Isso não é apenas poesia hebraica: é a pura verdade. Eles olharam para a lei de Deus e rearranjaram os fatos.

Você é capaz de imaginar como o povo pensava? "Parece severo demais para a vida aqui em Canaã. Tudo isso podia fazer sentido quando estávamos no deserto, mas agora precisamos analisar os fatos de uma maneira mais realista. Muito daquilo que Moisés falou não é mais praticável. Nossa cultura exige ajustes aqui e tolerância ali.

O que eu quero dizer é que essas mulheres cananéias não são apenas atraentes... elas são maravilhosas! Que mal há em um de nossos filhos se apaixonar por uma delas? Ele foi criado de maneira adequada. Ele não vai perder as estribeiras."

E, assim, no processo de semear ventos, Israel "rejeitou o bem" (v.3). A implicação? Eles abraçaram o mal. Quando a questão era decidir sobre seus líderes, eles vagarosamente deixaram de ouvir a Deus ou de buscar seu conselho, o que levou a concessões ainda maiores.

> Eles estabeleceram reis, mas não da minha parte; constituíram príncipes, mas eu não o soube; da sua prata e do seu ouro fizeram ídolos para si, para serem destruídos.
>
> Oséias 8:4

Você acredita no que acabou de ler? O "eles" desse versículo não se refere aos cananeus pagãos e adoradores de ídolos. Está se falando do próprio povo de Deus, os hebreus! E tudo começou com uma concessão do tipo "dar de ombros" para uma questão. Algo simples demais que levou a tanto pecado, tanta tristeza, tanto sofrimento e, por fim, o exílio de uma nação inteira. Eles plantaram ventos e colheram tempestades.

Preste atenção nos primeiros passos ladeira abaixo, pois eles são os culpados. E todo aquele que continua na descendente dá início a um ciclo de complicações. Foi por isso que Deus disse a Oséias: "Emboca a trombeta!" (v.1). Grite com toda força, meu filho! Toque o alarme! Diga ao povo "isso não vale a pena! Não vale a pena!"

Quando Israel deixou de confiar em Deus e se recusou a buscar sua vontade, eles abraçaram a cultura pagã que os cercava, o que os levaria a um modo de vida pagão. Mais tarde, esse estilo de vida pagão os arruinou, seja como indivíduos, seja como nação. Por fim, os assírios invadiram e conquistaram Israel, o reino do norte, levando os hebreus em cativeiro.

Num primeiro momento, o povo de Deus perdeu o que os distinguia, depois a fé e, por fim, a liberdade! Eles colheram a tempestade. O mesmo aconteceu mais tarde a Judá, o reino do sul, que caiu nas mãos dos babilônios. Lembra-se do relato do salmista?

> Às margens dos rios da Babilônia, nós nos assentávamos e chorávamos, lembrando-nos de Sião. Nos salgueiros que lá havia, pendurávamos as nossas harpas, pois aqueles que nos levaram cativos nos pediam canções, e os nossos opressores, que fôssemos alegres, dizendo: Entoai-nos algum dos cânticos de Sião.
>
> Salmo 137:1-3

"Vamos ouvir umas músicas de Sião. Que tal tocar um pouco agora?" E o salmista suspira: "Como, porém, haveríamos de entoar o canto do SENHOR em terra estranha?"(v. 4) Haviam perdido tudo.

Eles transgrediram a aliança feita com Deus. Rebelaram-se contra a lei de Deus. Rearranjaram as palavras de Deus. Rejeitaram a vontade de Deus. Não ouviram mais o Senhor nem buscaram seu conselho.

Ajustes sempre complicam nossos compromissos. Mas não se esqueça: Deus não desiste. Triste e desapontado, ele dá prosseguimento às conseqüências. Deus não se distancia mesmo quando está derramando sua disciplina. Por quê? Porque ele é imutável. Ele é fiel de um modo surpreendente, consistente e, do nosso ponto de vista, *misterioso.*

O CICLO DE COMPLICAÇÕES

Um dos profetas que assistiu à transição de Judá da concessão ao cativeiro foi Jeremias. Ele profetizou por 40 anos e chorou durante todo o tempo em que esteve pregando, testemunhando ao longo do tempo a erosão da apostasia. Temos dois livros de sua autoria no Antigo Testamento. O primeiro, é claro, leva o seu nome, ao qual já nos referimos diversas vezes. Mas o segundo, em minha opinião, é ainda mais eloqüente. É o relato da dor de Jeremias, chamado apropriadamente de Lamentações.

Raras vezes usamos essa palavra hoje em dia, mas é uma grande palavra. Lamentar é "chorar ou prantear com gemidos, gritos ou lamentação". É como um gemido no meio da noite. Representa profunda tristeza trazida por uma perda. Enquanto caminha por Jerusalém, aquela que um dia fora a fortaleza de Sião, Jeremias lembra e registra tudo o que eles perderam.

Jeremias lembra-se de quando eles eram o povo de Deus. Ele se lembra dos avisos e, agora, com um suspiro, registra os fracassos. O profeta relembra seus leitores que seu povo deu início a um ciclo de complicações. A propósito, o ciclo repete-se com grande regularidade. Ele não está limitado aos anciãos. A desobediência sempre leva a um ciclo de complicações. Deus fielmente os acompanha.

Vejo pelo menos três ações nesse ciclo. *Primeira: quando comprometemos a verdade, começamos a ser afligidos.*

> Eu sou o homem que viu a aflição pela vara do furor de Deus.
> Ele me levou e me fez andar em trevas e não na luz.
>
> Lamentações 3:1,2

Jeremias e seus compatriotas judeus certamente tinham "visto a aflição". Esse é o começo do ciclo. Quando você faz alguma coisa errada, quando compromete a verdade, começa a ser afligido, pois Deus não deixa que seus filhos ajam de modo irresponsável. Ele fielmente disciplina aqueles a quem ama. Ele quer nos colocar de volta nos eixos. E assim, em sua misteriosa vontade, ele fielmente nos aflige com a vara da justiça.

> Deveras ele volveu contra mim a mão, de contínuo, todo o dia. Fez envelhecer a minha carne e a minha pele, despedaçou os meus ossos. Edificou contra mim e me cercou de veneno e de dor. Fez-me habitar em lugares tenebrosos, como os que estão mortos para sempre. Cercou-me de um muro, e já não posso sair; agravou-me com grilhões de bronze. Ainda quando clamo e grito, ele não admite a minha oração. Fechou os meus caminhos com pedras lavradas, fez tortuosas as minhas veredas. Fez-se-me como urso à espreita, um leão de emboscada. Desviou os meus caminhos e me fez em pedaços; deixou-me assolado.
>
> Lamentações 3:3-11

As lamentações de Jeremias não lhe soam familiares? Você já não se sentiu debaixo da severa vara de Deus? Talvez você esteja passando por isso exatamente agora. Você se afastou da verdade de Deus e agora está sofrendo as conseqüências. Quem nunca esteve lá? A dor é quase insuportável. Mas tudo isso já é previsto. Deus o ama e se preocupa demais com você para deixá-lo brincar com fogo sem se queimar.

Segundo: quando comprometemos a verdade, a esperança desaparece. A aflição transforma-se em desolação. "Ele me deixou desolado", chora Jeremias. "Cercou-me de um muro, e já não posso sair." Que catástrofe, não é? Você pode sentir isso em cada uma das frases a seguir:

> Fui feito objeto de escárnio para todo o meu povo e a sua canção, todo o dia. Fartou-me de amarguras, saciou-me de absinto. Fez-me quebrar com pedrinhas de areia os meus dentes, cobriu-me de cinza.
>
> Lamentações 3:14-16

Isso é coisa séria. Jeremias, o profeta de Deus, fora transformado em escárnio para seu próprio povo. "Ha!", dizem eles, "você está me dizendo que este é o Deus que devemos seguir? E você dizia há alguns anos que deveríamos nos arrepender? Este é o tratamento que recebemos dele? Foi ele quem trouxe tudo isso sobre nós. Que piada de mau gosto!"

"Estou humilhado, Senhor", responde Jeremias. "Estão rindo de mim." Ele registra isso em seu diário de lamentações.

> Afastou a paz de minha alma; esqueci-me do bem. Minha alma, continuamente, os recorda e se abate dentro de mim.
>
> Lamentações 3:17,20

"Minha alma se lembra e desfalece." Este é o significado da palavra hebraica usada aqui. "Estou no ponto mais baixo de minha vida. Esqueci-me do bem."

Conversei há algum tempo com um homem que me disse:

— Não consigo me lembrar da última vez em que ri, Chuck. Há vários dias não consigo sequer sorrir.

Ele descreveu em detalhes os comprometimentos que o conduziram ao estilo de vida que estava levando. Chegou a ponto de pensar na possibilidade de tirar a própria vida. Já perdera a alegria e se esquecera do bem. Então, no fiel plano de Deus, tive o privilégio de entrar na vida daquele homem e, hoje, ele não só continua vivo como voltou a ter um forte relacionamento com Deus.

Tudo isso aconteceu não por causa de alguma coisa que eu tenha feito, mas pela fidelidade de Deus. O Senhor esteve ali o tempo todo, observando fielmente as conseqüências, esperando que o homem se arrependesse, reconhecesse seus maus caminhos e, de modo humilde, retornasse à alegria que deixara.

"Pois, separado deste, quem pode comer ou quem pode alegrar-se?", pergunta o sábio Salomão (Ec 2:25). Você não acha isso fantástico? Quem pode apreciar uma grande refeição, quem pode sorrir e se alegrar com seu Deus quando se distancia dele? Ter um coração alegre exige proximidade do Deus vivo.

Não há nada pior que ser responsável por sua própria aflição. É bem ruim ser uma vítima. É duplamente difícil quando você é culpado pela situação. Todos aqueles que já passaram por isso não precisam de nenhuma lembrança daqueles dias dolorosos.

Em um de seus maravilhosos livros devocionais, chamado *Christ in Isaiah*, F. B. Meyer escreveu eloqüentemente sobre o comprometimento dos hebreus e como eles atraíram tal sofrimento para si mesmos. Leia o texto a seguir devagar e com muito sentimento:

> No caso do povo escolhido, que por quase setenta anos foi estrangeiro numa terra estranha e que bebeu do cálice da amargura até o último gole, houve um peso adicional a sua tristeza: a convicção de que o cativeiro fora resultado de sua própria impenitência e transgressão. Esta é a pior amargura: saber que o sofrimento poderia ter sido evitado; que ele resultou de imprudência e divergência; que ele é a colheita daquilo que se plantou; que o predador que come nossas entranhas foi criado em nosso próprio ninho. Ai, ai, ai! Isso é que é dor! Existe um castigo inevitável na vida. As leis do coração e do lar, da alma e da vida humanas não podem ser violadas sem impunidade. O pecado pode ser perdoado; o fogo da pena pode ser transformado no fogo da prova; o amor de Deus pode parecer mais

> próximo e mais precioso do que nunca, mas mesmo assim ainda existe a pressão da dor, o tremor do coração, o abaixar de olhos e a alfinetada da alma; a harpa nos salgueiros, a recusa dos lábios de cantar os hinos do Senhor.[1]

Terceiro: mesmo quando comprometemos a verdade, Deus não muda. Nós é que nos mudamos.

É isso o que acontece quando deliberadamente nos afastamos da vontade e dos caminhos de Deus. Tal qual os israelitas, se plantarmos ventos, vamos colher tempestades. O fato é que Deus não mudou. Ele continua fiel a nosso lado, triste por nossa condição. Nós é que mudamos.

Isso me lembra a história de um casal que estava voltando para casa depois de comemorar bodas de prata num restaurante elegante. Ela estava no banco do passageiro, encostada na porta. Ele estava ao volante quando ela começou a se lamentar:

— Oh, querido, você se lembra como éramos próximos? Estou me referindo ao começo de nosso casamento. Nós nos sentávamos tão perto que você mal conseguia mudar as marchas. E olhe para nós agora — disse ela. Com um pequeno movimento de ombros, ele responde:

— Bom, eu nunca mudei.

É assim que acontece com nosso Deus vivo.

— Senhor, lembro-me que costumávamos ser muito próximos.

— Eu nunca mudei — diz Deus.

— Eu me lembro de como nos entendíamos.

— Eu nunca mudei. Continuo ouvindo. Estou no mesmo lugar.

— Também me recordo de que eu costumava conversar contigo em meus momentos mais íntimos, e o Senhor significava algo para mim.

— Eu nunca mudei! Não saí daqui mesmo quando você decidiu se distanciar de mim. Você ainda é importante para mim.

Até aqui nós ouvimos as más notícias. Agora é hora das boas notícias. E a boa notícia é que existe esperança.

A ESPERANÇA RETORNA PORQUE DEUS É FIEL

Começamos a ver esperança nestes versículos-chave de Lamentações. Eles marcam o ponto de transição do diário de lamentos de Jeremias.

> Quero trazer à memória o que me pode dar esperança. As misericórdias do SENHOR são a causa de não sermos consumidos, porque as suas misericórdias não têm fim; renovam-se cada manhã. Grande é a tua fidelidade. A minha porção é o SENHOR, diz a minha alma; portanto, esperarei nele. Bom é o SENHOR para os que esperam por ele, para a alma que o busca.
>
> Lamentações 3:21-25

"Quero trazer à memória." Adoro isso. Jeremias está no meio da tristeza e da aflição, lembrando-se da amargura dos dias passados... lamentando a atual "tormenta" das conseqüências. Ele está caminhando sobre os restos da cidade que ele amava, chutando os escombros e imaginando como é que aquilo pôde acontecer... e de repente tudo fica claro. "Quero trazer à memória." O que ele quer se lembrar está destacado adiante. Marquei esse trecho em minha Bíblia e tracei uma seta que aponta para o versículo 32, em que está aquilo de que o profeta se lembra. "Quero trazer à memória o que me pode dar esperança."

Quando você estiver no fundo do poço, a esperança vai desaparecer. E quando a esperança vai embora, uma parte de você desaba. Você nem mesmo consegue se lembrar daqueles versículos que aprendeu quando era criança. Não consegue se lembrar de uma linha sequer de uma música. Não se lembra de uma oração que memorizou, pois sua esperança se foi. É no meio de um poço como esse que Jeremias teve esperança.

Que esperança é essa? Ela consiste em três coisas e quero que você as escreva. Na verdade quero que você as escreva num cartão e que se anime com seus dizeres a cada manhã. Vou dizer por que daqui a pouco.

Eis as três linhas. Elas foram extraídas diretamente das Escrituras.

Primeira: As misericórdias do Senhor são a causa de não sermos consumidos. (Se você gosta da palavra "graça", poderá colocá-la no lugar de "misericórdias" e vice-versa. O termo usado aqui é aquela palavra maravilhosa que descobrimos no capítulo anterior – *chesed* – e que abrange os dois sentidos).

"As misericórdias do Senhor são a causa de não sermos consumidos." Deixe que isso penetre em sua mente ocupada. Alguns de vocês podem estar numa tal correria que várias coisas não conseguiram entrar em sua cabeça nos últimos 15 ou 20 dias – várias coisas de Deus, é bom que se diga. Essa gloriosa afirmação veio do céu. Ela é direcionada a você, numa entrega especial com seu nome em cima. "Minhas misericórdias são a causa de você não ser consumido."

Lembra-se do último versículo do Salmo 23? Os dois cães pastores de Deus, a Bondade e a Misericórdia, nos seguirão por todos os dias de nossas vidas. Eles trabalham para nos manter juntos, mas às vezes nós fugimos. Mesmo quando o fazemos, porém, Misericórdia está ali, em seus calcanhares. Por quê? Porque Deus é imutável. É isso o que essa passagem está dizendo.

"As misericórdias do Senhor são a causa de não sermos consumidos." Isso não é bom? Você não fica feliz por Deus não ser volúvel? Não se alegra por saber que Deus não sai correndo quando você grita, ou quando ignora suas ordens, ou quando interpreta à sua moda a misteriosa vontade do Pai? Suas misericórdias são a causa de não sermos consumidos.

Segunda: As misericórdias do Senhor não têm fim (essa é a segunda linha que você deve escrever no cartão). Nesse versículo podemos substituir *misericórdia* por *compaixão*. É uma palavra interessante. Significa "piedade, pena, dó, condolência". Sua compaixão é sempre a mesma. O coração de Deus continua buscando aquele que tenta se afastar do Senhor.

Isso me lembra o pai do filho pródigo de Lucas 15. O garoto queria toda a herança que lhe pertencia e, assim que conseguiu, saiu de casa. Sem qualquer impedimento, o pai deixou-o ir, tal qual nosso Pai faz. Não sabemos quanto tempo ele ficou fora de casa. Porém, quando o dinheiro desapareceu, quando a festa acabou, quando a comida sumiu e a esperança se foi, ele afinal colocou a cabeça no lugar.

Tudo aquilo que ele buscara numa "terra distante", "vivendo dissolutamente" só poderia ser encontrado de novo se ele voltasse para sua casa. Quando você está com os pés enfiados na lama do chiqueiro, as coisas ganham uma perspectiva diferente daquela que você tem quando está tranqüilo e bem acomodado em casa, reclamando das regras do lar.

Então, "caindo em si", ele volta para casa. Seu pai, vendo-o ainda de longe, corre a seu encontro. O interessante é que o pai não corre para falar ao filho coisas como "o que você andou fazendo? Conte-me tudo o que fez e por onde andou. Onde é que você enfiou todo aquele dinheiro? E olhe só o estado em que você está... seu fedorento! Você é uma desgraça para nossa família!" Não, não. Nada disso. Em vez de falar assim, ele abraça seu filho e o beija várias vezes enquanto anuncia: "Matem o bezerro! Vamos fazer um belo churrasco. Vai ser uma festa de primeira! Meu filho que estava perdido foi achado. Ele fugiu de mim, mas agora está de volta". Esse pai está cheio de amor por seu filho cabeça-dura. Ele continua fielmente cheio de compaixão.

É isso o que acontece com nosso Deus-Pai. Quando você volta para casa, ele diz: "Eu perdôo você... senti sua falta. Estou feliz por você ter voltado".

Por último, *a fidelidade do Senhor é grande* (aqui está a terceira linha do cartão). Não perca a seqüência: as misericórdias do Senhor são a causa de não sermos consumidos; as misericórdias do Senhor não têm fim; a fidelidade do Senhor é grande.

Mesmo quando você a despreza? Mesmo quando você a despreza. Mesmo quando tomamos decisões estúpidas? Mesmo quando tomamos decisões estúpidas. Mesmo quando seu casamento fracassa? Mesmo quando seu casamento fracassa. Mesmo quando você achava que sabia mais? Mesmo quando você achava que sabia mais. Sua fidelidade é sempre grande. Você viu como Jeremias expressou isso? "Grande é a tua fidelidade."

Agora que você escreveu essas três linhas em seu cartão, deixe-o ao lado de sua cama. Leia-o a cada manhã. Antes de colocar os pés no chão, dê uma olhada no cartão e leia-o em voz alta.

As misericórdias do Senhor são a causa
de não sermos consumidos.
As misericórdias do Senhor não têm fim.
A fidelidade do Senhor é grande.

Isso define a imutabilidade de Deus, que é o mesmo que dizer "Deus nunca muda". Ele tem de continuar fiel. Sendo imutável, ele não apenas não vai mudar sua fidelidade, mas ele *não pode* mudá-la. Ele nunca esfria seu relacionamento conosco. Nunca rompe um trato ou perde o entusiasmo. Ele permanece conosco quando somos zelosos pela verdade, e também fica a nosso lado quando rejeitamos seus conselhos e desobedecemos de modo deliberado.

Deus continua intimamente envolvido em nossa vida quer estejamos louvando-o em nossas orações, quer molestando-o com nossas atitudes. Quer estejamos correndo dele ou para ele, Deus permanece fiel. Sua fidelidade é incondicional, infindável e imutável. Nada que façamos pode diminuí-la e nada que deixemos de fazer a aumenta. Ela continua grande. Sua imutabilidade nunca diminui. Embora essa constância nos pareça incrível, ela é verdadeira.

Por que existem momentos em que perdemos a esperança e ouvimos o inimigo dizer: "Dê um fim a sua vida"? Por que o suicídio é a opção favorita do inimigo para as pessoas desesperadas e desiludidas? Por que ele diz, na noite escura da alma, "acabe com tudo"?

Creio que o profeta nos dá parte da resposta. De volta à passagem de Lamentações, na qual encontramos três promessas, vemos também uma linha bastante importante:

> As misericórdias do SENHOR são a causa de não sermos consumidos, porque as suas misericórdias não têm fim; renovam-se cada manhã. Grande é a tua fidelidade.
>
> Lamentações 3:22-23

As misericórdias, a compaixão e a fidelidade de Deus *renovam-se a cada manhã.*

Não sei quanto a sua vida, mas posso falar sobre a minha. Meu pior momento acontece no final da tarde. Se há um momento quando fico por baixo, um pouco deprimido, esse momento acontece após o pôr-do-sol. Minhas grandes batalhas ocorrem em geral entre o pôr-do-sol e a hora de me deitar. Raramente acontecem durante a manhã. Há alguma coisa no ar da manhã que traz de volta a esperança que eu possa ter perdido de vista na noite anterior. Você também é assim?

Há uma razão para as pessoas usarem a expressão "a noite escura da alma". Em meus mais de quarenta anos de ministração às almas atormentadas, observei que muito poucas pessoas tiram a vida nas primeiras horas da manhã. A maioria dos suicídios com os quais lidei aconteceram quando o sol se pôs – à noite, na escuridão, quando a vida desmorona e a esperança desaparece.

Você sabe o que é para nós a mensagem de Deus, renovada a cada manhã? Não importa se o sol está brilhando ou se cai uma chuva torrencial. Não importa se a manhã está clara ou cinzenta. Sua promessa é a própria manhã. "Cada manhã", diz o Senhor. Não a cada vez que você vê o sol brilhar. O tempo é insignificante. A cada manhã o Senhor nos visita com sua mensagem encorajadora: "Nós ainda nos falamos! Estou aqui. Não mudei. Vamos caminhar juntos hoje". É por isso que sugiro que você leia aquelas três linhas todas as manhãs. É um lembrete de Deus que diz "ainda estamos juntos".

Confie que Deus vai se lembrar de você. Ele não vai esquecer seu nome. Também não vai esquecer sua situação. Ele certamente não vai se esquecer de suas orações. Ele não está na beirada do céu, olhando para baixo, desesperado, tentando descobrir quem você é, ou pensando "o que é que vou fazer com ela?". Ele é fiel em saber exatamente onde você está. Confie nele, pois ele se lembra de você. Sua imutabilidade não permite que se esqueça de você.

Lembro-me de uma maravilhosa promessa que atesta isso, escrita pelo profeta Isaías:

> Mas Sião diz: O SENHOR me desamparou, o SENHOR se esqueceu de mim. Acaso, pode uma mulher esquecer-se do filho que ainda mama, de sorte que não se compadeça do filho do

> seu ventre? Mas ainda que esta viesse a se esquecer dele, eu, todavia, não me esquecerei de ti. Eis que nas palmas das minhas mãos te gravei; os teus muros estão continuamente perante mim.
>
> Isaías 49:14-16

É maravilhoso! Estamos gravados na palma das mãos de Deus.

CONFIE QUE DEUS VAI LEMBRAR-SE DE VOCÊ

Como podemos confiar? Bem, por isso Deus nos deu o restante do diário de Jeremias:

> Bom é o SENHOR para os que esperam por ele, para a alma que o busca. Bom é aguardar a salvação do SENHOR, e isso, em silêncio. Bom é para o homem suportar o jugo na sua mocidade. Assente-se solitário e fique em silêncio; porquanto esse jugo Deus pôs sobre ele; ponha a boca no pó; talvez ainda haja esperança.
>
> Lamentações 3:25-29

Se você quer confiar que Deus ainda se lembra de você, *pare de correr e comece a esperar!* "Bom é o SENHOR para os que esperam por ele" (v.25a). Pare de correr! Espere com paciência.

Segundo, volte a buscá-lo. O Senhor é bom "para a alma que o busca" (v. 25b). Portanto, em vez de ignorá-lo, volte a seus braços abertos, volte a buscá-lo.

"Senhor, eu voltei. Sei que o Senhor já ouviu isso antes e sei que se lembra de mim. Tenho vergonha de dizer-lhe o que andei fazendo (como se o Senhor não soubesse), mas sinto-me bem em contar-lhe. Eis o que tenho feito, os lugares por onde andei. Aqui estão as coisas que envergonharam seu nome e que feriram tanto a mim quanto a outras pessoas.

"Quero dizer-lhe hoje, enquanto volto ao Senhor e o busco com diligência, que venho nos méritos do meu Salvador, Cristo. Não sou merecedor de coisa alguma. Estou debaixo de seu sangue. Sou um de seus filhos e estou longe há muito tempo. Agi de maneira estúpida, com ignorância. Houve momentos em que fui mau e desprezível. Mas estou de volta e busco sua presença com seriedade. Não vou mais ignorá-lo."

Despeje todo o peso do fardo de sua culpa sobre Deus. Ele é capaz de carregá-lo. Então, pare de falar e sente-se, calado. "Assente-se solitário e fique em silêncio" (v. 28). Espere com paciência, busque com diligência, sente-se quieto. Isso significa que você precisa parar de falar. Depois de derramar seu coração, fique quieto.

Passe um dia inteiro em quietude. Os domingos são dias ótimos para fazer isso. Reserve pelo menos parte da tarde para ficar completamente quieto. A meditação é uma arte perdida neste mundo moderno e apressado. Sugiro que você a reviva. Não por meio da repetição infindável de um mantra, visando entrar em um plano mental diferente. Não é isso. Simplesmente espere em silêncio diante de seu Deus fiel.

Leia uma passagem das Escrituras, talvez um salmo, e deixe-o falar. Não diga nada; apenas se sente em silêncio. Deixe que Deus fale. Deixe que ele reafirme que você foi total e completamente perdoado e que sua vergonha se foi. Sinta seus braços ao redor de você. Fique ciente da limpeza que ele está fazendo em sua vida. Sinta outra vez o frescor e o alívio de sua presença.

Por último, submeta-se voluntariamente. "Ponha a boca no pó; talvez ainda haja esperança" (v. 29). Para mim, isso sugere ausência total de racionalizações e desculpas. Coloque a boca no chão, se isso lhe for útil. Pare de tentar vencer as atrocidades e o horror de sua vida. Encare-os. Submeta-se voluntariamente.

> Dê a face ao que o fere; farte-se de afronta. O Senhor não rejeitará para sempre; pois, ainda que entristeça a alguém, usará de compaixão segundo a grandeza das suas misericórdias.
>
> Lamentações 3:30-32

Tal qual peças de dominó colocadas em pé umas diante das outras, essas ações batem umas contra as outras. Tudo começa com amor, leva à misericórdia e depois à compaixão; então a graça se derrama sobre você no momento em que seu Deus imutável lhe dá a chance de começar de novo. Pare de lutar e submeta-se a ele. Isso funciona. Eu sei disso. Já passei por algo assim... mais vezes do que gostaria de lembrar.

A parte mais bonita de tudo isso é que Deus vai cumprir cada uma das três linhas. Ele vai mostrar que suas misericórdias foram a causa de não sermos consumidos, que suas misericórdias não se acabaram e que sua fidelidade é grande.

David Redding fala sobre isso num pequeno e maravilhoso livro chamado *Jesus me Faz Sorrir*. Ele fala do início de um pequeno rebanho de ovelhas quando ele ainda era menino, o que permitiu que ele ganhasse um cachorro. Leia as palavras a seguir com vagar. Imagine a cena que ele retrata de maneira tão viva.

> Eu tinha um lindo carneiro. O pobre homem que morava ao lado tinha um lindo cachorro e um pequeno rebanho de ovelhas que ele queria melhorar cruzando com meu carneiro. O homem perguntou se eu poderia emprestar-lhe o carneiro. Em retribuição, eu poderia ficar com seu cachorro premiado.
>
> Foi assim que consegui Teddy, um cão pastor escocês enorme e negro. Teddy era meu cachorro, e ele era capaz de fazer qualquer coisa por mim. Ele me esperava voltar da escola. Dormia ao meu lado e, quando eu assobiava, ele vinha correndo, mesmo se estivesse comendo. À noite, ninguém chegava a menos de 500 metros sem a permissão de Teddy.
>
> Durante os longos verões nos campos eu via minha família somente à noite, mas Teddy estava ao meu lado o tempo todo. Quando fui para a guerra, não sabia como deixá-lo. Como explicar a alguém que você ama que está partindo e que não poderá mais brincar de atirar pedaços de madeira como sempre fizemos?
>
> Assim, na primeira vez que voltei para casa durante uma folga na Marinha (durante a Segunda Guerra Mundial), a cena foi quase indescritível. A última parada do ônibus ficava a quase 25 quilômetros da fazenda. Cheguei ali por volta das onze da noite e fui caminhando para casa.
>
> Quando cheguei a uns 500 metros de casa, eram duas ou três horas da manhã. Estava bastante escuro, mas eu conhecia

> bem o caminho. De repente, Teddy me ouviu e começou a dar o alerta, latindo. Então, assobiei apenas uma vez. O latido parou. Houve um latido de reconhecimento, e eu sabia que um grande vulto negro estava se atirando em minha direção naquela escuridão. Quase imediatamente ele estava em meus braços.
>
> O que vem a minha mente agora é que aquele momento inesquecível fala a meu coração sobre meu Deus. Se meu cachorro, sem qualquer explicação, foi capaz de me amar e de me receber em casa depois de tanto tempo, o que meu Deus não faria?[2]

Sim, mil vezes sim. Por quê? Porque ele é imutável.

Ele é fiel. No meio da escuridão de sua vida há uma verdade magnífica correndo em sua direção, pronta para colocar seus braços em volta de você. Deus cumprirá a promessa de perdoá-lo e recebê-lo de volta em seu lar. Suas misericórdias renovam-se a cada manhã.

Lembre-se disso quando o sol se for no final desta tarde.

O caráter não pode desenvolver-se na quietude e na calma. Somente pela experiência da provação e pelo sofrimento a alma pode ser fortalecida, a visão aclarada, a ambição inspirada e o sucesso alcançado.

Diário de Helen Keller

Creio que hoje em dia, no Ocidente e especialmente na América, os novos bárbaros estão ao nosso redor. Nós os criamos em nossas famílias e os treinamos em nossas salas de aula. Eles habitam nossas assembléias legislativas, nossos tribunais, estúdios de cinema e nossas igrejas. A maioria deles é atraente e agradável. Suas idéias são persuasivas e sutis... Os bárbaros de hoje são senhoras e senhores de respeito.

Chuck Colson, *Against the Night*

9

A vontade de Deus pode nos santificar?

É hora de cavar mais fundo na misteriosa vontade de Deus. Para isso, precisamos enfrentar a antiga e inescapável questão do pecado. A vontade de Deus pode nos levar à santidade?

Acabamos de aprender algumas coisas sobre a fidelidade de Deus com base no diário de Jeremias. Agora é hora de olharmos para os escritos de outro grande profeta de Deus, o mais prolífico e eloqüente de todos eles. Seu nome é Isaías. Muitos o consideram o mais nobre dos profetas. É certo que Deus falou poderosamente por meio desse homem. Além disso, Deus deu a Isaías olhos que viam o invisível.

> No ano da morte do rei Uzias, eu vi o Senhor assentado sobre um alto e sublime trono, e as abas de suas vestes enchiam o templo. Serafins estavam por cima dele; cada um tinha seis asas: com duas cobria o rosto, com duas cobria os seus pés e com duas voava. E clamavam uns para os outros, dizendo: Santo, santo, santo é o SENHOR dos Exércitos; toda a terra está cheia da sua glória.
>
> Isaías 6:1-3

Isaías vê e registra uma coisa que não aparece em nenhum outro lugar da Bíblia: os serafins, um conjunto de criaturas angelicais que adoravam a Deus, cercando-o. Os serafins, mencionados apenas em Isaías 6:2 e 6:6, são seres celestiais com aparência de fogo flamejante. Digo isso porque a palavra hebraica *sarap* significa "queimar". É a mesma palavra usada para descrever as serpentes abrasadoras que picavam os filhos de Israel nos dias de Moisés (veja Nm 21:4-9).

Os serafins são, portanto, anjos que pairam, provavelmente brilhando como fogo, ou que são tão cheios de zelo que se tornam como fogo durante os momentos de adoração. Eles cercam o trono de Deus, ministrando-lhe louvor contínuo.

Isaías não nos diz quantos deles havia. Talvez fossem centenas, talvez algumas dúzias, ou quem sabe alguns poucos, mas "cada um tinha seis asas" e pairavam acima do Senhor, movendo-se em volta do trono de Deus com suas dedicadas e dramáticas expressões de adoração.

Nessa cena impressionante, é permitido a Isaías abrir a cortina dos céus e ter um vislumbre da criação angélica e de suas atividades. Estas prosseguem incessantemente no mais alto céu e nunca as vemos – a adoração e o louvor a um Deus santo.

Isaías não apenas pôde ver essa cena como também ouviu as vozes antifônicas que, responsivamente, diziam umas às outras "santo, santo, santo". Alguns interpretam isso como uma evidência da Trindade: Deus Pai, Deus Filho e Deus Espírito Santo. Penso que, ao contrário, se trata de uma referência à infinita santidade de Deus.

Quando as palavras são repetidas no texto hebraico, a idéia é de ênfase, e raramente são repetidas três vezes. Aqui essa repetição transmite o conceito de exaltação infinita. "Santidade acima do entendimento pertence ao teu nome, ó Deus dos Exércitos. A terra está cheia da tua glória." Os serafins pronunciavam incessantemente uns aos outros essas palavras de adoração.

Sob a perspectiva física, a terra – onde os israelitas e seus vizinhos pagãos queimavam incenso em atitude de adoração – não era marcada por uma glória tão evidente. Mas da visão dos serafins junto ao trono de Deus, a terra estava cheia da glória de Deus. Não se esqueça disso.

Nossos jornais jamais darão relatos de louvor angelical. Eles nada falam sobre a glória de Deus. A única coisa que eles relatam são os fatos que ocorrem no plano horizontal e, como você bem sabe, eles se concentram nas más notícias. Mas um dia a terra se encherá da glória de Deus. Não duvide disso. O ambiente que conhecemos hoje será finalmente mudado e substituído por um que evidencia a glória de Deus. Contudo, por alguns momentos, Isaías foi apanhado numa cena que as outras pessoas não eram capazes de ver.

> As bases do limiar se moveram à voz do que clamava, e a casa se encheu de fumaça.
>
> Isaías 6:4

As fundações do templo se moveram diante do som esmagador produzido pelo louvor do coro angelical. O lugar encheu-se de fumaça, de louvor, de adoração e de culto. E, então, pela primeira vez, Isaías registra suas impressões.

Até este momento ele era apenas um observador. Acho que se isso tivesse acontecido a mim ou a você faríamos a mesma coisa. Ficaríamos fascinados. Também ficaríamos mudos e pasmos ao ver aquela cena angelical única. As primeiras palavras que saem da boca de Isaías são:

> Ai de mim! Estou perdido! Porque sou homem de lábios impuros, habito no meio de um povo de impuros lábios, e os meus olhos viram o Rei, o SENHOR dos Exércitos!
>
> Isaías 6:5

A reação de Isaías diante dessa cena de suprema, completa e infinita santidade é: "não sou digno sequer de presenciar algo assim". *A Bíblia Viva* parafraseia o texto usando os seguintes termos: "Chegou a minha hora! Vou morrer porque sou um pecador. Cada vez que abro a boca eu peco, e isso acontece com todo o meu povo. E agora eu vi o Rei, o Senhor do Universo".

Isaías vê o Senhor em toda a sua glória e, no mesmo instante, vê seu próprio ser pecador em completo contraste, vindo a responder: "sou completamente indigno de estar em sua presença". A imaculada perfeição de Deus foi uma eloqüente e humilhante repreensão ao profeta. Apesar de ser dotado como era, sua humanidade pecaminosa foi dolorosamente exposta quando ele se viu na presença da santidade em seu estado puro.

A VERDADE SOBRE A SANTIDADE

As palavras hebraicas e gregas traduzidas como "santo" nas Escrituras trazem a idéia de "separado" ou "separação, colocar à parte". Quando vemos na Bíblia que uma coisa é considerada "santa", ela está separada para Deus, como nossas palavras "dedicada" ou "consagrada". A mobília do tabernáculo era uma mobília "dedicada"; as vestes usadas pelos sacerdotes eram vestes "consagradas". Elas eram santas, no sentido de terem sido separadas para um propósito, para a obra e a glória de Deus.

"Santidade" leva o conceito a sua expressão máxima, indicando uma separação total de tudo aquilo que é pecaminoso, impuro e imperfeito. A plenitude moral está contemplada dentro da palavra santidade, significando que Deus é absolutamente separado de toda e qualquer contaminação.

Para surpresa de muitos, é da vontade de Deus que todos nós sejamos santos, também. Lembra-se das palavras de Pedro?

> Como filhos da obediência, não vos amoldeis às paixões que tínheis anteriormente na vossa ignorância; pelo contrário, segundo é santo aquele que vos chamou, tornai-vos santos também vós mesmos em todo o vosso procedimento, porque escrito está: Sede santos, porque eu sou santo.
>
> 1 Pedro 1:14-16

No entanto, como a humanidade está contaminada pelo pecado (graças à queda de Adão e Eva no Jardim), durante nossa existência terrena nós não podemos sequer conhecer a santidade plena. Na salvação, somos feitos santos diante de Deus por meio de nossa posição em Cristo, mas nunca conheceremos uma existência plenamente livre de pecado enquanto vivermos na terra.

É por isso que Isaías reagiu daquela maneira. Ao testemunhar a infinita santidade bem diante de seus olhos e ouvir a ensurdecedora adoração do coro angelical, ele se lembra do incrível contraste entre seu Deus santo e seu próprio eu pecador.

Por que é tão importante para nós, que buscamos sua vontade, saber que Deus é santo? Primeiramente porque *sua santidade nos diz que ele é absolutamente digno de confiança.* Sendo santo, Deus nunca vai tirar vantagem de seus filhos. Ele nunca vai abusar de nós, nos manipular ou nos desviar do caminho. Sua vontade pode parecer misteriosa, mas nunca está errada. Esse Ser santo, sem pecado, não pode fazer o mal. Eu e você podemos confiar que ele fará sempre aquilo que é certo, o tempo todo.

Segundo, *sua santidade nos garante que ele não tem segundas intenções nem motivações questionáveis.* Você não precisa se preocupar quando Deus o estiver conduzindo na vontade dele. Será que o tiro vai sair pela culatra? Será que, de alguma forma, isso vai agir contra mim? Sua santa vontade está acima de questionamentos.

Terceiro, *sua santidade representa um modelo de perfeição.* Nosso Deus não tem nenhuma falha, oculta ou declarada, dita ou registrada. Nem mesmo indiretamente.

Em um dos capítulos anteriores mencionei que a vontade de Deus nunca nos tenta a pecar, nem mesmo indiretamente. Uma pessoa que peca em algum momento vai racionalizar suas ações dizendo "Deus cuida de mim. Além disso, quero dizer que se não fosse seu plano, eu não teria uma natureza pecaminosa. Se não fossem as circunstâncias – as quais, devo acrescentar, estão todas sob seu controle – eu em primeiro lugar não estaria nesta enrascada... eu não teria sequer sido tentado".

Sublinhe estas palavras: pelo fato de Deus ser totalmente santo, ele nunca se envolveu em nossos atos pecaminosos, nem mesmo de modo indireto. Isso é simplesmente impossível. Ele não apenas não pode ser tentado, como não tenta ninguém. É isso mesmo... *ele não pode.* Sua santidade impede que isso aconteça.

Portanto, qual é a idéia aqui? Bem, considere o seguinte: e se a santidade fosse limitada a Deus e tirada de nós?

Primeiro, se não recebêssemos santidade de Deus, não poderíamos nos relacionar com ele.

> Ora, a mensagem que, da parte dele, temos ouvido e vos anunciamos é esta: que Deus é luz, e não há nele treva nenhuma.

> Se dissermos que mantemos comunhão com ele e andarmos nas trevas, mentimos e não praticamos a verdade. Se, porém, andarmos na luz, como ele está na luz, mantemos comunhão uns com os outros, e o sangue de Jesus, seu Filho, nos purifica de todo pecado.
>
> 1 João 1:5-7

Aqui, luz é sinônimo de pureza. Deus é absolutamente pureza resplandecente. Como Isaías observou, ele é perfeito em sua santidade. "Não há nele treva nenhuma." Imagine a ausência de pensamentos obscuros, motivação errada, afirmações ou atitudes enganosas. Em sua natureza e em sua vontade não há treva nenhuma.

Quando lançamos nossos pecados diante dele, ele nos limpa. Como seus filhos, ele nos dá uma pureza que combina com a sua, de modo que, assim, podemos conviver. Imagine só. Apesar de sermos as criaturas pecaminosas que somos, temos íntima comunhão com Deus ao nos curvarmos a sua vontade, repousando à luz de sua pureza.

Segundo, se não recebêssemos santidade de Deus, passaríamos a vida inteira impulsionados por motivação maligna, incapazes até mesmo de nos livrar das trevas do pecado. É por isso que Isaías disse em sua explosão repentina de humilhação: "Ai de mim! Não há esperança. Não posso prosseguir, por causa de minha condição e daquilo que vi. Ai de mim!". E isso seria verdade, exceto pelo fato de Deus graciosamente transferir sua santidade a nós quando caminhamos debaixo de sua luz. Isso é que é graça!

Terceiro, se não recebêssemos santidade de Deus, não teríamos a esperança e a certeza de ver o Senhor nos céus.

> Segui a paz com todos e a santificação, sem a qual ninguém verá o Senhor.
>
> Hebreus 12:14

A mesma palavra traduzida em outros lugares como "santo" recebe aqui o significado de "santificação". Se não fosse a transferência da santidade de Deus para nossa conta por meio da justiça de Deus, nunca veríamos o Senhor. Isso quer dizer que nunca receberíamos a promessa do céu.

Vou ser sincero com você neste ponto. O termo "santidade" era um pouco assustador para mim. Eu achava que era o único a pensar assim até que deparei com uma confissão similar feita por John White e transcrita no livro *Vitória sobre a Tentação*, compilado por Bruce Wilkinson. Veja o texto a seguir:

> Você já foi pescar em um rio poluído e viu sua vara retirando um sapato velho, uma chaleira ou uma lata enferrujada? Consigo fazer uma pescaria estranha quando uso a palavra *santidade* como isca e coloco minha vara de pescar no profundo de minha mente. Para meu desespero, surgiram as seguintes associações: magreza, olhos fundos, barba, sandálias, túnicas compridas, celas de pedra, ausência de sexo, ausência de piadas, penitência, banhos frios freqüentes, jejum, horas de oração, desertos inóspitos, acordar às 4h da manhã, unhas limpas, vitrais, auto-humilhação
>
> A lista é bastante estranha. Alguns itens dão a entender que você somente conseguirá alcançar a santidade através de processos rígidos e dolorosos. Muitos mestres alegam que seus muitos intensos esforços serão em vão, uma vez que a santidade é algo que Deus dá, não alguma coisa que se consegue. Por outro lado, minha lista também assume um ar de frivolidade sobre um assunto em que nenhum de nós ousa tocar nem de leve. Se os meios pelos quais homens e mulheres alcançaram a santidade nos parecem ridículos, deveríamos lamentar ao invés de rir.[1]

Algumas pessoas nos passam a imagem de que nunca seremos capazes de trabalhar duro o bastante para sermos suficientemente santos. Nunca abdicaremos de coisas na medida adequada para sermos santos. No extremo oposto, encontramos pessoas que vêem a santidade como um processo totalmente passivo. Deus a dá. Ele despeja santidade em você. Você a aprecia, tira vantagem dela, mas você mesmo é um componente passivo da santidade.

Deixe-me corrigir esses dois extremos. Antes de mais nada, temos de ser santos. Como já foi dito, a santidade sugere separação e diferença. Deus, sendo santo, é diferente e está separado de todos os outros deuses. Nós, como seus filhos, precisamos ser diferentes e estar separados do mesmo modo. Precisamos viver vidas santas. Vidas santas de integridade ética e excelência moral. Se isso nos fosse impossível, Deus jamais exigiria tal coisa de nós. Mas ele exige.

> Eu sou o SENHOR, vosso Deus; portanto, vós vos consagrareis e sereis santos, porque eu sou santo; e não vos contaminareis por nenhum enxame de criaturas que se arrastam sobre a terra. Eu sou o SENHOR, que vos faço subir da terra do Egito, para que eu seja vosso Deus; portanto, vós sereis santos, porque eu sou santo.
>
> Levítico 11:44-45

Aqueles que andam na luz, obedecendo à vontade de Deus, estão ativamente engajados numa caminhada santa, diferente de qualquer outra. Segundo, a santidade não é passiva. Dizer que tudo depende de Deus é errado. Somos participantes ativos do processo. A santidade é parte do processo da vontade de Deus para nós, seus filhos.

> Quem subirá ao monte do SENHOR? Quem há de permanecer no seu santo lugar? O que é limpo de mãos e puro de coração, que não entrega a sua alma à falsidade, nem jura dolosamente. Este obterá do SENHOR a bênção e a justiça do Deus da sua salvação.
>
> Salmo 24:3-5

Note o envolvimento de homens e mulheres descrito aqui pelo salmista. "O que é limpo de mãos e puro de coração, que não entrega a sua alma à falsidade, nem jura dolosamente."

Acho interessante o fato de essa passagem mencionar as mãos e o coração. Às vezes acho que é suficiente ter mãos limpas. Além do mais, as pessoas podem ver mãos sujas. Se somos injustos ou desonestos, as pessoas são capazes de ver nossas ações... nosso comportamento desonroso. Isso é óbvio. E, assim, nos esforçamos em manter as mãos limpas. Mas um coração puro – bem, isso é outra coisa.

Somos bons em enganar. Encontramos maneiras de encobrir nossos verdadeiros motivos. Um coração enganoso não faz parte da moldagem da santidade de Deus. Lembra-se da dura determinação de Paulo em suas palavras aos romanos?

> Não reine, portanto, o pecado em vosso corpo mortal, de maneira que obedeçais às suas paixões; nem ofereçais cada um os membros do seu corpo ao pecado, como instrumentos de iniqüidade; mas oferecei-vos a Deus, como ressurretos dentre os mortos, e os vossos membros, a Deus, como instrumentos de justiça. Porque o pecado não terá domínio sobre vós; pois não estais debaixo da lei, e sim da graça. E daí? Havemos de pecar porque não estamos debaixo da lei, e sim da graça? De modo nenhum! Não sabeis que daquele a quem vos ofereceis como servos para obediência, desse mesmo a quem obedeceis sois servos, seja do pecado para a morte ou da obediência para a justiça? Mas graças a Deus porque, outrora, escravos do pecado, contudo, viestes a obedecer de coração à forma de doutrina a que fostes entregues; e, uma vez libertados do pecado, fostes feitos servos da justiça.
>
> Romanos 6:12-18

Devemos pecar? "Que pensamento medonho!", diz J. B. Phillips em sua paráfrase. Mas muitos preferem viver desse modo. "Já ouvi falar sobre graça", dizem eles. "Sei que ela é cheia de compreensão e perdão e sei também que Deus sempre trata de mim com sua graça; por isso, vou pecar, sabendo que ele vai reagir às minhas ações com sua graça." Posso dar minha opinião sincera sobre essa declaração? Isso é heresia. "De modo nenhum!".

Chegou a hora de aprendermos uma importante lição de teologia. Sem Cristo, somos escravos do pecado; sem Cristo, o pecado é nosso senhor, nosso mestre escravizador. Podemos fazer todas as promessas de Ano Novo que quisermos, tomarmos as decisões que forem, dar todas as garantias ao grupo a quem devemos satisfações, mas, a não ser que tenhamos o poder de Deus dentro de nós para vencer e conquistar o pecado, não deixaremos de servi-lo. Este poder é o poder de Cristo, disponível a todos nós depois de nossa conversão.

Quando vamos à cruz e nos entregamos ao Salvador pela fé... naquele momento, a escravidão do pecado é cancelada, e nos tornamos propriedade de Deus. Todavia, ainda habita em nós aquela tendência de fazer o que é errado. Pelo fato de estarmos "inclinados" nesta direção interior, ela continua balançando sua horrível cabeça, vem nos visitar de vez em quando. Embora estejamos com Deus, ainda precisamos lutar o bom combate e permanecer engajados na batalha contra o pecado. Todo aquele que nega isso está simplesmente negando a realidade.

Deixe-me explicar como isso funciona. Deus nos vê em Cristo no momento em que vamos a ele como pecadores que acreditam na salvação; ele nos justifica perante si mesmo (justificação é um ato soberano de Deus pelo qual ele declara justo o pecador que ainda permanece num estado pecaminoso).

Embora ainda vivamos nossa vida terrena num estado pecaminoso, Deus diz: "baseado em sua fé em Jesus Cristo, você está em Cristo, pertence a minha família e eu o declaro justo". Nesse momento marcante, Deus credita sua justiça em nossa conta corrente espiritual. Que transferência maravilhosa! Que grande alívio de uma dívida!

Aqui está o grande benefício: a influência que o pecado teve sobre sua vida antes de Cristo é instantaneamente eliminada. Você não é mais um escravo do pecado, incapaz de romper seus grilhões. Antes, você não tinha nenhuma chance. Agora tem. E o resultado profundo é a paz. Paz interior. Paz com Deus.

> Justificados, pois, mediante a fé, temos paz com Deus por meio de nosso Senhor Jesus Cristo.
>
> Romanos 5:1

E, junto com a paz, vem a santidade. Ele nos dá não apenas perdão, não apenas justificação, não apenas paz, mas a capacidade de termos santidade pessoal. O ponto que Paulo destaca aqui é "uma vez que você foi declarado 'inocente', o que é que está fazendo aí, servindo ao pecado? Ele não é mais o seu mestre. Até este momento, longe de Cristo, você estava entregando a si mesmo ao pecado como instrumento de injustiça. Você não conseguia se livrar disso sozinho.

Não aja mais assim! Entregue-se a Deus. Ande sob a luz de sua vontade. Ao fazê-lo, você estará lançando mão do dom da santidade".

Mais uma vez, é aqui que a questão da passividade precisa ser abordada. Alguns dizem "bem, quando age assim, quando se entrega, você se torna totalmente passivo. É Deus quem faz tudo. Você apenas acredita, o restante é com Deus". E eu repito "não!". As pessoas que ensinam isso podem estar bem-intencionadas, mas estão enganadas.

Dê uma olhada nesses conhecidos versículos e diga-me a quem as ordens são endereçadas. A Deus? Não!

> Rogo-vos, pois, irmãos, pelas misericórdias de Deus, que apresenteis o vosso corpo por sacrifício vivo, santo e agradável a Deus, que é o vosso culto racional. E não vos conformeis com este século, mas transformai-vos pela renovação da vossa mente, para que experimenteis qual seja a boa, agradável e perfeita vontade de Deus.
>
> Romanos 12:1,2

O problema do sacrifício vivo é que ele fica querendo fugir do altar. Portanto, quando você quiser escorregar do altar, meu conselho é simples: volte para o altar. E pode ser que você precise fazer isso todas as manhãs. Sou franco em dizer que faço isso na maioria das manhãs de minha vida. Começo meu dia com palavras como "Senhor, este é o teu dia. Sei que haverá tentações e sei também que minha tendência é agir de acordo com a carne. Não quero fazer isso. Quero andar na luz... na tua vontade. Quero agir de acordo com o teu Espírito. Quero reagir do modo como o Senhor gostaria que eu agisse. Assim, eu me coloco no teu altar e peço que me ajudes, enquanto aceito que teu poder me mantenha na tua vontade. Ajuda-me a viver assim em todos os momentos, por todo este dia".

Não está tudo nas mãos de Deus. Depende de Deus o dar-nos a força. Depende de nós pedirmos e obedecermos. Ao agirmos desse modo, sua santa vontade se torna nosso deleite. É notável percebermos que, ao andar em sua vontade, nós, criaturas pecadoras que somos, experimentamos o que significa ser santo – separado para a glória de Deus. E a boa notícia é esta: quando deixamos as coisas em suas mãos, Deus assume o controle e derrama seu poder sobre nós.

Quando eu era mais jovem, congregava numa igreja da zona leste da cidade de Houston. Acima do lugar onde ficava o coral, havia uma enorme placa branca com enormes letras escuras que diziam: "Esqueça. Deixe com Deus". Olhei para aquelas palavras por vários anos em minha adolescência. "Esqueça. Deixe com Deus". Aquilo soava maravilhoso para mim. Eu realmente achava que a pessoa que colocara aquela placa ali queria que todos recebessem a mensagem nela contida.

Talvez o segredo da vida cristã esteja aí. Esqueça e deixe com Deus. Não é uma idéia má. No entanto, se levada a extremos – deixe-me avisá-lo – pode conduzi-lo a uma postura de passividade.

Em nenhuma das maravilhosas passagens bíblicas que nos instam a uma vida de santidade, vejo instruções para esquecer. A não ser que estejam se referindo aos desejos antigos (e certamente isso é necessário) ou aos pensamentos impuros, para que possamos direcionar nossa mente a fim de agirmos. A questão não é que Deus faz tudo, e eu não faço nada. É que Deus faz sua parte, e eu faço a minha. Deus manda os sinais, e eu os leio, reajo em obediência... e esse plano simples me leva a experimentar sua santa vontade.

Meu carro possui luzes de advertência no painel. De vez em quando, uma dessas luzes vermelhas acende. Quando isso acontece, não pego um martelo no porta-luvas e arrebento a lâmpada para que possa continuar dirigindo sem ser perturbado. Não. Eu paro e desligo o motor. Há inclusive mecânicos que dizem o seguinte: "Nunca continue andando quando alguma luz de advertência acender. Pare e procure ajuda de alguém especializado".

Deus nos deu suas luzes de advertência e, de vez em quando, algumas delas se acendem dizendo "pare, pare, não, não, não!". Se formos sábios, pararemos. Não deixaremos que as coisas prossigam dizendo "bom, ele vai ter de cuidar da situação". Nós é que vamos cuidar da situação. "Se confessarmos nossos pecados, ele é fiel e justo para nos perdoar os pecados." Nós exercemos as disciplinas necessárias para manter nossa mente pura, e ele faz sua parte, honrando nossa obediência.

Não passamos pela vida bocejando, achando que, pela graça, Deus vai agir de alguma forma. Estamos ativamente envolvidos numa vida de santidade. Em sua força, associamos o domínio próprio à perseverança e, à nossa perseverança, a piedade (2 Pe 1:5-8).

Nós nos entregamos e nos colocamos à disposição de Deus. Uma vez que nos entregamos, ele derrama seu poder e declaramos guerra contra todo o mal de dentro ou de fora. Vivemos uma vida que é diferente – com excelência moral, beleza ética. É chamada de vida santa. E Deus honra isso, porque ele é assim. E, de acordo com Efésios 5:1, precisamos imitar a Deus, vivendo como ele vive.

Deus nos chamou para sermos santos; sejamos, portanto, santos. Dê uma olhada honesta em seus caminhos. Existem áreas onde pecados antigos começaram novamente a tomar o controle? Aquelas coisas contra as quais você batalhou por tanto tempo e que finalmente conseguiu controlar pelo poder de Cristo? Este seria um momento maravilhoso para você deixar que Deus traga ordem a um caos tão antigo.

Durante toda a nossa vida cristã temos cantado hinos como "Tempo de Ser Santo". Aquelas palavras são verdadeiras. Leva tempo para ser santo. Certamente leva tempo para amadurecer. Leva tempo para cultivar uma caminhada com o Senhor que comece a fluir naturalmente, pois o inimigo é tão mais assertivo e poderoso que nós... e tão criativo, tão cheio de novas idéias para nos derrotar e desmoralizar.

Precisamos nos unir ao poder que vem do trono de Deus. É hora de aprender uma lição com o profeta Isaías que não pode ser esquecida jamais. Do mesmo modo como ele desejava, vamos rápida e abertamente confessar nossa condição humana. Então, vamos nos prostrar diante da presença santa de nosso Deus e convidá-lo a limpar nossos pensamentos, a corrigir nossas palavras erradas, a nos perdoar completamente e fazer de nós vasos santos que, como aqueles serafins alados, passam seus dias dando glória a seu santo nome.

A vontade de Deus pode nos santificar? Com toda a certeza.

Deus é cheio de surpresas. Pressões meramente superficiais não determinam o resultado da vida... Se você está intimamente ligado ao Deus vivo do Universo, então não precisa preocupar-se com o que a multidão está fazendo – ou nem mesmo com o que o rei está fazendo. O mesmo Deus que criou o mundo é capaz de conduzir você e trabalhar cada situação de sua vida, não importa quão impossível ela possa parecer.

Ray Stedman, *Adventuring Through the Bible*

Ser surpreendido e maravilhar-se é o princípio do entendimento.

José Ortega y Gasset, *A Rebelião das Massas*

10

Surpreendido por Deus

Uma coisa é sentar-se confortavelmente num lugar qualquer e ler sobre ser surpreendido por Deus. Outra completamente diferente é estar no meio de uma situação que nos aflige de modo pessoal e profundo porque aconteceu de surpresa. Mas estou certo de que as surpresas fazem parte das coisas favoritas de Deus. Em geral elas se constituem nos melhores testes para analisarmos se estamos realmente dispostos a obedecer-lhe.

Considere o dia em que Deus surpreendeu Abraão que, naquela época, estava com quase 100 anos de idade.

> Depois dessas coisas, pôs Deus Abraão à prova e lhe disse: Abraão! Este lhe respondeu: Eis-me aqui! Acrescentou Deus: Toma teu filho, teu único filho, Isaque, a quem amas, e vai-te à terra de Moriá; oferece-o ali em holocausto, sobre um dos montes, que eu te mostrarei. Levantou-se, pois, Abraão de madrugada e, tendo preparado o seu jumento, tomou consigo dois dos seus servos e a Isaque, seu filho; rachou lenha para o holocausto e foi para o lugar que Deus lhe havia indicado. Ao terceiro dia, erguendo Abraão os olhos, viu o lugar de longe. Então, disse a seus servos: Esperai aqui, com o jumento; eu e o rapaz iremos até lá e, havendo adorado, voltaremos para junto de vós. Tomou Abraão a lenha do holocausto e a

> colocou sobre Isaque, seu filho; ele, porém, levava nas mãos o fogo e o cutelo. Assim, caminhavam ambos juntos. Quando Isaque disse a Abraão, seu pai: Meu pai! Respondeu Abraão: Eis-me aqui, meu filho! Perguntou-lhe Isaque: Eis o fogo e a lenha, mas onde está o cordeiro para o holocausto? Respondeu Abraão: Deus proverá para si, meu filho, o cordeiro para o holocausto; e seguiam ambos juntos.
>
> Gênesis 22:1-8

Coloque-se na pele de Abraão. Tente imaginar-se sendo fiel desse jeito. Que tipo de obediência levou Abraão até aquele ponto? O que se passou na mente dele enquanto preparava o sacrifício de seu próprio filho? Isso é inescrutável. Sinceramente, não consigo sequer imaginar as emoções que aquele velho homem sentiu nessa situação.

> Chegaram ao lugar que Deus lhe havia designado; ali edificou Abraão um altar, sobre ele dispôs a lenha, amarrou Isaque, seu filho, e o deitou no altar, em cima da lenha; e, estendendo a mão, tomou o cutelo para imolar o filho. Mas do céu lhe bradou o Anjo do SENHOR: Abraão! Abraão! Ele respondeu: Eis-me aqui! Então, lhe disse: Não estendas a mão sobre o rapaz e nada lhe faças; pois agora sei que temes a Deus, porquanto não me negaste o filho, o teu único filho. Tendo Abraão erguido os olhos, viu atrás de si um carneiro preso pelos chifres entre os arbustos; tomou Abraão o carneiro e o ofereceu em holocausto, em lugar de seu filho. E pôs Abraão por nome àquele lugar – O SENHOR Proverá. Daí dizer-se até ao dia de hoje: No monte do SENHOR se proverá.
>
> Gênesis 22:9-14

Repito: que tipo de agonia Abraão deve ter sentido enquanto amarrava seu próprio filho, colocava-o no altar e levantava o cutelo para matá-lo – tudo isso, se você é capaz de acreditar, em obediência à vontade de Deus. E, então, *Surpresa!* Deus não apenas impediu que Abraão prosseguisse como lhe disse que agora sabia quanto Abraão o temia... e providenciou um carneiro preso num arbusto ali perto para o sacrifício. Que estranho conjunto de fatos! Que processo estranho passaram Abraão e Isaque!

Você já foi surpreendido por Deus? Há alguns anos, C. S. Lewis escreveu seu testemunho em um livro chamado *Surpreendido pela Alegria*, no qual ele narra sua extraordinária conversão a Cristo. Mas não estou me referindo à surpresa alegre que experimentamos quando chegamos a Cristo; estou falando de ser surpreendido, de ficar realmente atordoado com a vontade de Deus para sua vida. Para ser honesto, acho que você está dizendo: "Mas quem nunca passou por isso? Quem nunca enfrentou as surpresas de Deus?"

Você se derrama diante de Deus. Ora. Pede conselho. Busca orientação na Palavra. Está disposto a abandonar tudo e desistir. Você caminha em direção à porta, a porta fecha-se atrás de você, trancada; você sabe que Deus o levou até ali e, de repente, *Bum!* O que você vê é uma total surpresa. Você imaginava que seria de um jeito e tudo sai ao contrário. Isso é inescrutável. Isso é insondável e infinito. Surpresas – especialmente aquelas que nos desapontam – são coisas lá de cima.

CONSIDERANDO ALGUNS EXEMPLOS GERAIS

Vários exemplos comuns vêm a minha mente. Você fica sabendo que uma mulher de meia-idade que sempre foi sadia está no hospital. Você vai vê-la no Hospital das Clínicas. A doença não apresenta risco de vida, mas ela está com febre alta, e os médicos estão fazendo uma série de exames para determinar a causa. Você sai do hospital e, no caminho para casa, ora dizendo: "Senhor, eu amo aquela pessoa. Ela viveu uma vida memorável de fé e tem sido um verdadeiro exemplo para mim. Oro para que o Senhor possa dar-lhe a recuperação e o alívio. Por favor, livre-a daquilo que estiver causando a febre". Você se deita naquela noite, em paz, confiante que Deus ouviu e vai atender seu pedido. Você dorme tranqüilo.

A manhã chega logo, e o telefone o desperta. Um outro amigo que passou a noite toda no hospital conta que sua amiga morreu. Você orou, mas ela não se recuperou. E não há maneira de explicar por que a morte atingiu aquela amiga sadia, de meia-idade e piedosa, que ainda tinha muitos anos de vida produtiva pela frente (de acordo com sua perspectiva). Você foi surpreendido por Deus.

Outra história. Você está trabalhando num lugar que adora. Sua dedicação foi recompensada com promoções e aumentos de salário. Você tem um bom padrão de vida, e sua família está gozando dos diversos benefícios que a empresa lhe dá. Você gosta do lugar onde vive e sente confiança de que está ali para ficar. De repente, você começa a ter um pequeno pressentimento, uma sensação de inquietude, desconforto. E você pensa *Por quê? Está tudo tão bem.*

Então, do meio do nada, você recebe uma oferta de emprego. Você não esperava aquilo, não estava procurando, mas tem de admitir que a oferta é tentadora. Novos rumos, novos desafios. A mudança implica uma grande promoção, mais dinheiro, mas você terá de se mudar para outro Estado. A boa notícia é que o clima é bom no novo lugar, e você tem velhos amigos que moram naquela região.

Você começa a buscar orientação na Palavra de Deus. Conversa com pessoas que admira, cuja caminhada com Deus é mais madura que a sua. Você ora. Espera. Por fim, pensa "com certeza este é o jeito de Deus trabalhar – ele está me dando uma nova e excitante oportunidade. Por quê não?". Você está em paz sobre sua decisão. Então, pede demissão e muda-se. Não se passam três meses, e você pensa: *isso não tem nada a ver comigo.* Não era o que esperava. Você tenta contornar as coisas e pensa: *se eu trabalhar mais e com maior afinco, se eu apenas dedicar mais tempo ao trabalho, acho que as coisas vão mudar.* Mas não mudam. As coisas ficam cada vez piores. E, depois de alguns meses, você perde o emprego. O plano insondável, inescrutável e infinito de Deus, o qual você não pode explicar, resulta no fato de você ser surpreendido por Deus.

No mistério da vontade de Deus muitas vezes vamos a lugares onde não podemos explicar por que as coisas saem daquele jeito; porém, surpreendentemente, ainda estamos bem no meio da vontade de Deus. Não é que eu ou você tenhamos criado um problema: é que Deus gosta de surpreender seu povo com certa regularidade. Conforme já ilustramos em todo este livro, as Escrituras estão cheias de histórias como essas.

Agora, antes de irmos mais além, deixe-me responder ao céptico que está pensando: *bom, é possível que Deus não esteja realmente en-*

volvido em todas essas "surpresas". Tudo isso são fatos da vida, coisas que acontecem aleatoriamente. Talvez Deus esteja operando à distância. Ele é um Deus grande. Ele está envolvido de certa maneira com as nações, o cenário internacional, as guerras e coisas assim, mas quando se trata do dia-a-dia, ele não está assim tão envolvido.

Ah, não. A Bíblia traz diversas afirmações que refutam essa idéia. Aqui estão apenas três delas.

> Porque ele perscruta até as extremidades da terra, vê tudo o que há debaixo dos céus.
>
> Jó 28:24

> Esquadrinhas o meu andar e o meu deitar e conheces todos os meus caminhos.
>
> Salmo 139:3

> Porque os caminhos do homem estão perante os olhos do SENHOR, e ele considera todas as suas veredas.
>
> Provérbios 5:21

Isso não me parece uma deidade distante. Ele é minucioso em seu conhecimento. Como já aprendemos, ele é soberano sobre todos os eventos de nossas vidas. Nenhum detalhe escapa de seu controle. Até mesmo os cabelos de nossa cabeça são contados. Ele sabe tudo sobre nós. Somos um livro aberto diante dele. Além do mais, ele é imutavelmente fiel. Ainda assim, ele nos surpreende de modo deliberado com missões difíceis de ser cumpridas, mortes prematuras ou inesperadas, perda de emprego e situações que nos desapontam durante toda a nossa jornada, mesmo quando estamos no núcleo de sua vontade. Vamos encarar os fatos: tudo isso é um mistério.

VOLTANDO A UM EXEMPLO ESPECÍFICO

Vamos voltar a Abraão para nos aprofundar no episódio da prova a que ele foi submetido, registrada em Gênesis 22. Vemos Deus falando objetivamente. Ele não gagueja nem hesita em sua ordem: "Toma teu filho, teu único filho, Isaque, a quem amas...".

À esta altura, Ismael e Hagar já haviam saído da vida de Abraão. Prevendo que talvez Abraão se sentisse tentado a buscar Ismael e oferecê-lo em sacrifício, é possível que Deus tenha afirmado categoricamente: "Eu quero Isaque naquele altar. Ofereça-o como oferta queimada". A palavra hebraica é *olah*, que significa "uma oferta totalmente queimada". Se fosse um animal, este seria queimado da cabeça ao casco, por inteiro. "Quero Isaque naquele altar, consumido pelo fogo; o aroma que chegar até mim será um ato de adoração de sua parte, Abraão."

Sabe o que mais me impressiona? Não lemos nada sobre argumentação ou sequer um momento de hesitação por parte de Abraão. No caso de você estar pensando que Isaque era apenas uma criança pequena, um bebê, veja que o texto diz que, quando estavam subindo a montanha, Isaque carrega a madeira para o fogo. Portanto Isaque deveria estar pelo menos entre o meio e o final de sua adolescência.

No meio da história há um diálogo que me toca todas as vezes que o leio. Isaque diz:

— Pai! — E Abraão responde:

— Sim, filho. — Isaque continua:

— Temos o fogo e a madeira, mas onde está o cordeiro? Cadê o sacrifício? — Isaque já tinha visto seu pai oferecer outros sacrifícios antes. Ele sabia qual era o esquema.

— Pai, o que você pretende usar como sacrifício?

A resposta de Abraão é simplesmente magnífica:

— Deus proverá, meu filho. Deus proverá o sacrifício.

Deus não é como nós. Comentamos isso à exaustão nos capítulos anteriores. Seus caminhos são mais altos que os nossos, e sua vontade é diferente de nossas vontades. Deus tem um plano que é mais profundo que qualquer outra coisa que você e eu possamos imaginar, quanto mais descobrir.

Este é um ponto de avaliação da fé de Abraão. "Seu temor a mim é maior que o amor por seu filho? Sua confiança em mim é maior que a afeição por seu próprio filho?"

Abraão passa no teste. Total e imperturbavelmente obediente, o homem constrói o altar, arranja a madeira e amarra seu filho. Da parte de Isaque, não há oposição nem luta para se livrar. Isaque entende o quadro completo. Abraão o coloca no altar, por cima da madeira. E estou convencido de que Abraão levou o cutelo até o peito do garoto quando Deus intervém com outra surpresa.

E o Senhor grita:

— Abraão, Abraão! — E Abraão responde:

— Aqui estou. — E o Senhor lhe diz:

— Não dê este golpe. Não sacrifique seu filho. Você temeu e me obedeceu acima de todas as coisas – até mesmo de seu próprio filho.

Falando em surpresas, esta é uma maravilhosa! É a que eu chamo de surpresa de crise doméstica. As palavras não conseguem expressar quanto os filhos são preciosos para seus pais. Mas no plano de Deus, que plantou em nossos corações este amor paternal, de uma maneira ou de outra ele também possui meios de nos ajudar a entregar nossos filhos a ele, um a um. Uma coisa é amar nossos filhos e cuidar deles, olhar por eles e prover-lhes alimento e moradia. Outra é colocá-los em um nível de adoração superior à adoração que prestamos a Deus. Uma coisa é ser grato a Deus por eles, nutri-los e ensiná-los, e outra é fazer deles ídolos.

Alguém me disse recentemente que Deus nos dá coisas apenas para que aprendamos como devolvê-las para ele. Ele não quer que nos apeguemos a elas. Quer que as dediquemos todas a ele.

O Senhor vai usá-lo de um modo maravilhoso? É muito provável. Ele vai prepará-lo do jeito como você imagina? Provavelmente não. E, se você não tiver cuidado, vai olhar para as provações, os testes, as interrupções repentinas, os desapontamentos, a tristeza, a perda de emprego, o desperdício de oportunidades, os momentos ruins e vai pensar *Deus acabou comigo*, quando, na verdade, ele o está equipando.

"Duvido que Deus possa usar alguém grandemente sem que o fira com profundidade", disse A. W. Tozer.[1]

Por que trato disso tão deliberadamente? Por que estou sempre voltando a esse ponto durante o livro todo? Porque estou convencido de que essas experiências não constituem exceção, mas a regra. Nosso conceito sobre a vontade de Deus é que ele nos guia como nós nos guiaríamos e planeja como nós o faríamos. Mas não é assim. Sua vontade não é assim. Na verdade, aqui estão os quatro princípios simples que precisamos ter em mente com relação à orientação de Deus.

Primeiro: o método preferido de Deus é a surpresa. Portanto espere surpresas. Repito, surpresas são a regra, não a exceção.

Segundo: suas surpresas exigem flexibilidade e adaptação. Quando você se vê numa situação que não esperava, precisa adaptar-se: você é forçado a se ajustar. Deus não cometeu nenhum erro. Você não cometeu nenhum erro. Você está simplesmente passando pelo processo de desenvolvimento interno, que é parte do arranjo que Deus faz dos eventos, por mais doloroso que isso possa ser.

Em nossa casa, Cynthia chama essas mudanças de arranjos do "Plano B". "Bem, hoje precisamos dar início ao plano B", diz ela com bastante freqüência. Esperamos ver o Plano A, pois ele é a coisa mais clara que pode acontecer. Então, de repente, vem uma surpresa, e somos deixados com uma série de planos na mão. O Plano B entra em cena, e nos curvamos diante da surpreendente vontade de nosso Pai.

Terceiro: por trás das surpresas de Deus há propósitos dos quais não temos consciência. Avalie-os. Diga a você mesmo que não se trata de um erro. Não é acidente. Deus planejou isso deliberadamente. Em vez de se lamentar, ore dizendo: "Senhor, dá-me tua orientação. Ajuda-me a entender por que meu emprego não é aquilo que eu imaginava. Ajuda-me a entender essa perda de modo que eu possa aprender com esse completo rearranjo dos fatos. Por que destruíste meus planos e me moveste tão claramente nesta direção? Por que, depois de orar, tua resposta foi não? O que o Senhor quer que eu aprenda com tudo isso?" Em vez de ficar amargurado, bravo e desiludido, antes de chamar tudo isso de "um erro", pergunte: "Que posso aprender com tudo isso?"

Quarto: quando Deus nos surpreende, ele nos dá graça suficiente para lidar com o inesperado. Conforme descansamos nele, ele nos dá tudo de que precisamos para suportar aquilo que sua vontade nos reserva.

Ao me referir a isso num sermão que preguei recentemente, um membro de nossa congregação que está passando por uma dura prova com seus dois filhos levantou-se e disse:

— Obrigado, Chuck. A graça é suficiente, mas às vezes o processo é assustador.

Sim, é. As surpresas de Deus podem ser realmente assustadoras e perturbadoras. Elas podem levá-lo ao limite. Mas sabe o que você está aprendendo durante o processo de lidar com as surpresas de Deus? Está aprendendo a pensar teologicamente... a ver a vida a partir da perspectiva vertical. Ao fazê-lo, você é capaz de entregar seus filhos e até suportar maus tratos sem ficar amargurado. Pode lidar com a postergação de recompensas e aprender a paciência. A lista prossegue.

O soberano Deus das surpresas reina supremo. Como sou grato por isso! E pode ser que a grande surpresa de sua vida ou da minha esteja logo adiante. Ou talvez você esteja bem no meio de uma dessas surpresas.

É possível que a surpresa de Deus tenha o intuito de ajudá-lo a ver, pela primeira vez em toda a sua vida, a grande necessidade que você tem dele. Talvez você tenha feito as coisas de seu jeito por todos estes anos. E, agora, por meio de uma cadeia de acontecimentos complicados demais para serem descritos, você está percebendo que "nunca houve um tempo em minha vida em que eu realmente tivesse entregue qualquer coisa a este Deus invisível de quem estamos falando".

Onde quer que você esteja nesta jornada chamada vida, independentemente do lugar em que você esteja trabalhando, qual seja sua situação doméstica, idade, saúde ou seu estilo de vida, Deus pode estar preparando você para uma grande surpresa a fim de constatar sua fidelidade. Em vez de fugir dele, deixe-me sugerir o oposto: corra *para* ele. Em vez de procurar alguém em quem colocar a culpa pela dor que você está sentindo ou pelas mudanças que se mostram no horizonte, olhe para o céu e perceba que este arranjo foi soberanamente colocado ali para seu bem e para a glória de Deus.

É maravilhoso quando aprendemos a transformar as surpresas de Deus em oportunidades de entregar tudo aquilo que retivemos durante todos estes anos. Mas preciso alertá-lo: isso nunca é fácil.

Para Abraão, foi Isaque. E para você, o que será?

Ah, que triste resposta recebe a alma quando busca certezas nesta vida!

George Meredith, *Modern Love*

Quando o carvalho é derrubado, toda a floresta ouve o ecoar daquele som. Porém, milhares de sementes do mesmo carvalho são plantadas silenciosamente por uma brisa que soprou despercebida.

Thomas Carlyle, *On History*

11

Portas fechadas, portas abertas

Eu e você fizemos uma boa caminhada por todas estas páginas. Relembramos algumas coisas que poderiam estar esquecidas e aprendemos coisas que não sabíamos. Não posso falar por você, mas posso dizer que tem sido uma jornada muito proveitosa para mim. Eu precisava dela, depois de ter vivido estes últimos cinco anos e pouco de uma maneira que eu jamais imaginei. Mas eu não tive escolha. Deus fechou todas as outras portas.

O ruído de uma porta batendo é bem forte. Não é fácil de escutar. E é ainda mais difícil de experimentar, em especial se você tem buscado genuinamente a vontade de Deus.

Você orou, buscou o conselho de pessoas que considera, estudou partes da Palavra que pudessem levá-lo claramente pelo caminho que você deveria ir, passou momentos sozinho, pesando os prós e os contras, seu coração está desejoso, seu espírito está pronto, sua alma elevada. Quando chega o momento de se aproximar da porta... *blam!* Ela se fecha. Isso pode trazer uma grande desilusão. Um desapontamento doloroso.

Não estou dizendo que a porta se fechou porque você estava vivendo no pecado ou porque seu coração se virou contra o que Deus queria, ou porque você foi de alguma maneira egoísta. Ela simplesmente se fechou. Ninguém pode explicar por quê. Você puxa o freio e dá um passo para trás. Conversa com Deus, e é como se os céus fossem de chumbo. A porta fechou-se. Ponto. Caso encerrado. Ou não?

Você cultiva um relacionamento com aquela pessoa interessante, ficam juntos por vários meses, talvez até um ano e, então, apaixona-se por ela. Pouco antes de tocar no assunto casamento, *blam!* o romance esfria, e o relacionamento acaba. Porta fechada.

Você está interessado em estudar em determinada escola. Tem boas notas, é aquilo de que você gosta, mas na hora do vestibular, quando é divulgada a nota de corte, *blam!* você não passa. Quase dá para ouvir a porta batendo. Sem explicação, sem razão. Você fica desiludido.

Quero dizer-lhe que Cynthia e eu, em quase 45 anos de casamento, já deparamos com algumas portas fechadas que até hoje não conseguimos explicar. Buscamos fazer com todo o nosso coração o que acreditávamos ser a vontade de Deus. Pedimos orientação, dedicamo-nos ao Senhor, não retivemos nada, desejosos de abdicar do que fosse preciso para que as coisas funcionassem. *Blam!* Porta fechada.

Ninguém precisa nos dizer que a vida cristã não é uma alegre utopia. E se você ainda acha que é, depois de tudo o que falamos nestes capítulos, então vou estourar o balão de uma vez por todas, pois não só se trata de uma visão completamente irreal, achando que Cristo nos ajuda a viver sempre felizes, como isso simplesmente não é bíblico!

Quando estivermos no céu, aí sim a história será outra. Mas até lá você só vai registrar em seu diário alguns poucos dias fantásticos, incríveis, inacreditáveis ou memoráveis. A maior parte da vida é de aprendizado e crescimento, fracassos e recuperações, perdão e esquecimento, aceitação e desapego.

O dr. Bruce Waltke, um de meus orientadores de hebraico no seminário, costumava dizer: "Quanto mais eu vivo e quanto mais perto chego de Cristo, mais eu creio que ele não perde tempo explicando os porquês. Portanto precisamos confiar nele sem esperar que a pergunta 'por quê?' tenha resposta".

Encontro um conforto semelhante no terceiro capítulo de Apocalipse. Esse capítulo não só tem algo a dizer sobre quem está no comando das portas fechadas como também coloca a responsabilidade em quem ela deve estar: no Senhor.

Nos capítulos anteriores falei sobre o Oleiro soberano fazendo com o barro aquilo que queria. Já vi alguns oleiros trabalhando. É muito engraçado. Já os vi amassarem o barro e, de repente, começarem tudo de novo. Cada vez que fazem isso o barro sai de um jeito completamente diferente. Os oleiros experientes podem fazer isso diversas vezes, criando peças cada vez melhores.

Ele é o Oleiro, nós somos o barro. Ele é quem dá as ordens, nós obedecemos. Ele nunca precisa explicar-se, nunca precisa pedir permissão. Também não avisa com antecedência que vamos encontrar uma porta fechada mais à frente. Ele está nos moldando à imagem de seu Filho, independentemente da dor ou tristeza que isso possa causar. Essas lições são aprendidas um pouco mais facilmente quando lembramos que não somos nós que estamos no controle, mas é Deus quem comanda. Esse pensamento é destacado no último livro da Bíblia.

QUEM TEM AS CHAVES?

Em Apocalipse 3, quando João escreve sob a orientação do Espírito Santo, o Senhor Jesus Cristo tem a palavra e está dizendo a João para escrever ao mensageiro da igreja de Filadélfia.

> Ao anjo da igreja em Filadélfia escreve: Estas coisas diz o santo, o verdadeiro, aquele que tem a chave de Davi, que abre, e ninguém fechará, e que fecha, e ninguém abrirá: Conheço as tuas obras – eis que tenho posto diante de ti uma porta aberta, a qual ninguém pode fechar – que tens pouca força, entretanto, guardaste a minha palavra e não negaste o meu nome.
>
> Apocalipse 3:7,8

Nessa passagem o Senhor define-se como aquele que é "santo", ou seja, sem pecado, aquele que é "verdadeiro". Com isso ele está dizendo que odeia o mal, que não induz ninguém ao erro nem se envolve em atividades ilícitas. Ele é "santo". Ele é "verdadeiro" e "tem a chave de Davi", um símbolo de autoridade.

Alguém que tenha a chave do cofre tem autoridade para abrir o cofre. Você tem a chave de sua casa. Isso lhe dá autoridade para entrar naquela casa. Quem não tem a chave não tem autoridade para invadir sua residência.

Uma vez que Jesus "tem a chave de Davi", fica claro que ele tem autoridade. Veja a descrição de autoridade: ele descreve a si mesmo como aquele que "abre, e ninguém fechará, e que fecha, e ninguém abrirá". Somente ele tem o direito de abrir uma porta de oportunidade e nos levar por ela. E nós colhemos os frutos, assim como sofremos as provas. Quando andamos com ele, perseveramos através das portas que ele nos abre.

O Senhor também tem o direito de fechar a porta sem qualquer explicação. O que normalmente acontece é que, quando uma porta de oportunidade se fecha, somos levados a uma porta ainda melhor, com maiores oportunidades. Portas fechadas... portas abertas. Tudo isso é prerrogativa de Deus.

Não é preciso ter uma longa vida cristã para perceber que isso ocorre com regularidade. Por mais profundas que sejam nossas orações e por mais disponíveis que possamos nos colocar para fazer a vontade de Deus, há momentos em que sua resposta é não. Tudo bem... não. Porta fechada.

Por sermos humanos, nossa tendência é usar um pouco de força quando encontramos uma porta fechada. Além do mais, trabalhamos duro para cumprir esse plano. Quero dizer que abdicamos do que tínhamos antes e chegamos até aqui; não vamos ficar sentados olhando para uma porta fechada. Então, pegamos o pé-de-cabra da ingenuidade, ou usamos alguma dinamite de carnalidade e começamos a trabalhar naquela porta, pois queremos abri-la de qualquer jeito.

Pare... pare. Aprenda com quem já tentou fazer isso diversas vezes. Todas as vezes que você força uma porta pensando que está seguindo seu caminho, o resultado final é arrependimento. Deixe-a fechada, dê a volta, aceite a situação. Na aceitação reside a paz.

UM EXEMPLO CLÁSSICO

Em Atos 16 encontramos um exemplo de como isso ocorreu na vida de alguns dos verdadeiros servos de Deus. Encontramos aqui dois missionários a caminho da Turquia que, nos relatos bíblicos, é chamada de Ásia. Eles viajam da região sudeste do país às áreas mais a oeste, e o que encontram é memorável.

Veja: Paulo e Silas tinham um grande coração. Desejavam que Cristo fosse conhecido; não tinham motivação egoísta e não estavam nessa empreitada por desejos pessoais. Paulo já havia feito uma bem-sucedida viagem missionária. Ah, ela teve seus atropelos, mas que sucesso! E a igreja de Antioquia, que já os enviara antes, agora os enviava de novo. Dessa vez, porém, eles iriam por terra, em vez de cruzar o mar Egeu.

Então, chegam a "Derbe e Listra", onde estiveram antes. Ali, o Senhor os leva a um jovem chamado Timóteo (At 16:1). Assim, Timóteo junta-se a Paulo e Silas, e começam a viajar. Dessa forma, "as igrejas eram fortalecidas na fé e, dia-a-dia, aumentavam em número" (At 16:5).

Isso é impressionante. Eles estavam numa região pagã. O país era idólatra. Mas em toda a região as pessoas se chegavam a Cristo, igrejas eram fundadas. *Por quê?*, devem ter perguntado. *Estamos na melhor época de nossas vidas.* Então, eles deixaram aquela área familiar e foram para a região Frígio-Gálata com grandes esperanças. Leia o que aconteceu.

"E, percorrendo a região frígio-gálata, tendo sido impedidos pelo Espírito Santo de pregar a palavra na Ásia, defrontando Mísia, tentavam ir para Bitínia, mas o Espírito de Jesus não o permitiu" (At 16:6,7).

Agora, espere um minuto. Eles tiveram sucesso, portas abertas, luzes verdes. Tudo está dando certo. Porém, quando vão para a região mais central e a região sul, Deus fecha a porta. É mais uma de suas surpresas. Perceba que existem pessoas que não conhecem a Cristo nessas partes do país. Há muitos que nunca sequer ouviram falar de Jesus. Não obstante, Deus fecha a porta. Então, eles pensam: *está claro, então, que Deus nos está indicando que devemos ir para a região centro-norte.* Então, "defrontando Mísia, tentavam ir para Bitínia".

Vamos usar nossa geografia para ter uma melhor percepção de sua jornada. Eles estavam no Rio de Janeiro, foram a Minas Gerais e havia uma porta fechada. Então resolveram descer para São Paulo, Paraná e Santa Catarina. "Talvez seja aqui que o Senhor nos queira." Não, não, outra porta fechada. "Bom, então vamos para o Mato Grosso do Sul, Mato Grosso e Rondônia. Que tal Acre?" *Blam, blam...* portas fechadas. Uma atrás da outra, as portas se fecharam.

Nenhuma oportunidade. Eles não podiam falar de Cristo. Na verdade, o texto nos diz que "o Espírito de Jesus não o permitiu". E, mais tarde, lemos que eles foram "impedidos pelo Espírito Santo de pregar a palavra na Ásia".

Acabaram ficando em Trôade. Isso é como ir andando até Salvador. Se você seguir mais a leste, cai no mar, certo? Não havia lugar mais ao leste para ir. Na Turquia você não pode ir além de Trôade. É o ponto mais ao norte do continente!

E lá foram eles para Trôade. Quando olhavam para o mar Egeu, Paulo deve ter pensado: "Senhor, que negócio é este?" Ele, Timóteo e Silas devem ter buscado o Senhor por várias horas, perguntando a Deus: "O que o Senhor está tentando fazer? O que quer nos dizer? A questão é: veja só quantas pessoas foram deixadas para trás sem serem evangelizadas. O Senhor não permitiu que nós falássemos com elas".

Não sabemos quanto tempo eles ficaram em Trôade antes da visão que Paulo teve. Ensinaram-me que Paulo teve aquela visão na primeira noite, mas a narrativa não diz isso. Talvez tenham ficado uma semana por lá. Talvez tenha sido um mês, esperando e orando.

Como nós gostamos de ação e movimento, é nossa tendência pular à frente daquilo que está acontecendo. Mas pare um pouco e imagine a sensação de desapontamento dos três. Eles não podiam pregar nem na Frígia nem na Galácia. Também não podiam levar o evangelho a Mísia e a Bitínia. Tiveram de passar por todas aquelas regiões densamente povoadas onde as Boas Novas eram tão necessárias e foram direto a Trôade.

Aparentemente, eles não iriam pregar muito por lá. Era uma cidade muito importante daquele tempo. Hoje o porto está assoreado, o que transformou Trôade numa cidade do interior. Mas naquele tempo ela era uma cidade litorânea. Alguns historiadores afirmam que, em alguns anos, ela teria sido a capital do continente. Era um importante centro metropolitano... e eles não iam pregar ali? Paulo e seus amigos devem ter ficado imaginando o que Deus queria dizer com tudo isso.

Você já passou por isso, não? Isso parece aquela situação em que você tem de fazer alguma coisa, se atira na questão, investe nela dinheiro e tempo, dons, esforços e... *blam!* para sua surpresa, a porta bate, fechando-se por completo. Normalmente é difícil saber o porquê.

Às vezes é para nos ensinar uma lição valiosa. Há vários meses eu estava falando com um homem aposentado que vivia em Dallas. Tal qual um número muito grande de pessoas nas décadas de 70 e 80, ele se deu bem no mercado imobiliário. Quero dizer, *muito bem*. Então disse ele: "Quando as coisas começaram a dar errado, você quase podia ouvir as portas se fechando. Os bancos, sob investigação, de repente exigiram o pagamento de todos os empréstimos que fizeram e tudo se secou". O homem continuou: "Naquele tempo, no apogeu da prosperidade, eu guiava um Porsche zero-quilômetro. Da noite para o dia, vi-me dirigindo um Chevette emprestado. Numa manhã, cheguei à cabine de pedágio da estrada e descobri que não tinha sequer uma moeda no bolso para pagar".

Descendo do topo para o vale das portas fechadas, aquele ex-milionário me disse: "Durante quase dois anos, minha única roupa foi um roupão de banho. Felizmente minha mulher conseguiu um emprego e pôde nos sustentar". A porta escancarada de repente se fechou, deixando o homem deprimido por quase dois anos.

Não sei quanto tempo Paulo ficou em Trôade, mas, numa noite, as coisas mudaram. E como ficamos felizes quando as coisas mudam! Não é um grande momento? Imagine só a alegria de Paulo!

Paulo teve uma visão à noite. Certo homem da Macedônia estava em pé e pediu-lhe: "Passa à Macedônia e ajuda-nos" (At 16:9).

Mas espere um pouco. Não siga adiante. Pare exatamente aqui. As pessoas lêem esse versículo e dizem: *É disso que eu preciso, uma visão à noite.* Você não precisa. Como enfatizei logo no início deste livro, não é de sonhos e visões que precisamos para identificar e seguir a vontade de Deus. Se não tivéssemos a Bíblia, tudo bem. Se não tivéssemos a Escritura completa, certamente precisaríamos de alguma evidência fenomenal ou dirigida pelo Espírito para que soubéssemos que Deus quer que façamos isso ou aquilo.

Como já discutimos antes, Deus colocou a revelação de sua vontade nas páginas de sua Palavra. Veja por este lado: quando você tiver esgotado as opções das Escrituras, então comece a confiar em visões. Porém, é óbvio que ninguém consegue exaurir a inesgotável Palavra de Deus. Temos a oração, temos a Palavra de Deus, temos o Espírito Santo habitando em nós e o conselho de amigos sábios e, com isso, temos tudo de que precisamos. Não há necessidade de visões durante a noite, mas da iluminação das Escrituras e de corações dispostos.

Naquele tempo, porém, Paulo precisava que o Senhor revelasse seu plano de modo claro. E naquela visão ele viu "um varão macedônio [que] estava em pé e lhe rogava, dizendo: Passa à Macedônia e ajuda-nos".

Se você não estiver muito inteirado em geografia, não conseguirá entender o que esse pedido exigia de Paulo e seus amigos. Eles estavam em Trôade, no extremo oeste da Ásia. A Macedônia está do outro lado do mar Egeu, no continente europeu. E aquele homem da Macedônia está dizendo: "Venha nos ajudar". Em outras palavras, ele os está convidando para outra cultura, outra linguagem, outro continente. Portas fechadas de um lado. Portas abertas de outro. Paulo estava pronto. Veja como ele respondeu:

> Assim que teve a visão, imediatamente, procuramos partir para aquele destino, concluindo que Deus nos havia chamado para lhes anunciar o evangelho. Tendo, pois, navegado de Trôade, seguimos em direitura a Samotrácia, no dia seguinte, a Neápolis e dali, a Filipos, cidade da Macedônia, primeira do distrito e colônia. Nesta cidade, permanecemos alguns dias. No sábado, saímos da cidade para junto do rio, onde nos pareceu haver um lugar de oração; e, assentando-nos, falamos às mulheres que para ali tinham concorrido. Certa mulher, chamada Lídia, da cidade de Tiatira, vendedora de púrpura, temente

a Deus, nos escutava; o Senhor lhe abriu o coração para atender às coisas que Paulo dizia.

Atos 16:10-14

Não sabemos muita coisa. Não nos é dito por quanto tempo eles ficaram tentando ir a outras regiões. Também não sabemos qual foi a reação deles ao descobrirem que as portas estavam fechadas. Não sabemos quanto tempo se passou entre sua chegada em Trôade e o dia em que receberam a visão. Nem sequer sabemos a identidade daquele homem da Macedônia. Mas não importava quem era aquela pessoa. Tratara-se de uma visão miraculosamente enviada por Deus. O homem dissera "venha". Então, eles concluíram que Deus os chamara para pregar o evangelho ali, e foi isso que fizeram em seguida.

Esse é o primeiro trabalho evangelístico na Europa registrado no Novo Testamento. Ele marca o início da igreja em Filipos, em Tessalônica e em Corinto. Deus estava trabalhando. A porta estava agora escancarada. Esteve fechada, mas agora estava aberta. Deus fez as duas coisas sem pedir permissão, sem aviso e sem qualquer explicação.

AINDA HOJE EXISTEM PORTAS ABERTAS E PORTAS FECHADAS

Há vários anos fui convidado a falar numa reunião dos Navigators, na cidade de Estes Park, no Estado americano do Colorado. No final da semana, um homem me levou de volta a Denver para que eu pudesse pegar meu vôo. No caminho, ele me disse:

— Posso lhe contar uma história?

— Claro — respondi-lhe.

— Na verdade, é uma história de portas abertas e portas fechadas — disse o homem.

— Ótimo — disse eu. — Também tenho algumas histórias assim. Vamos, conte-me a sua.

— Bom — começou o homem —, eu e minha esposa não estávamos conseguindo encontrar um lugar para ficar nos Estados Unidos. Durante uma conferência, há alguns anos, junto com outros líderes dos Navigators, ofereceram-me a oportunidade de iniciar um trabalho em Uganda.

— Uganda — continuou ele. — Eu mal podia soletrar o nome daquele país quando me disseram que aquele poderia ser o lugar para onde Deus queria que eu e minha família fôssemos. Fui para casa, conversei com minha esposa e meus filhos e começamos a orar — disse o homem. Acho que ele disse que tinha três filhos pequenos naquela época, sendo que o filho mais velho tinha acabado de entrar na escola. Ele disse a sua esposa:

— Querida, você está pronta para enfrentar o desafio de ir para Uganda? — E ela disse:

— Se esta é a porta que Deus nos está abrindo, estou pronta para o desafio. — Que resposta maravilhosa.

Então, eles viajaram para Nairóbi, no Quênia, onde a família se hospedou num hotel enquanto ele viajava num Land Rover alugado até a fronteira de Uganda para analisar a situação.

Isso foi logo depois do reinado de terror de Idi Amin. Meu amigo disse:

— Uma das primeiras coisas que me chamaram a atenção ao chegar no vilarejo onde iria passar minha primeira noite foi a presença de vários jovens portando armas automáticas, atirando para o ar. Enquanto eu passava, eles olharam para mim e apontaram as armas em minha direção.

Não aconteceu nada, mas é uma típica situação de instabilidade. E ele pensou: *Deus, o Senhor está envolvido nisso?* Seu coração desanimava conforme o sol se punha.

As ruas estavam escuras, e ele encontrou um pequeno hotel mal-iluminado. Entrou e dirigiu-se à recepção para se registrar. Num péssimo inglês, o atendente lhe disse que havia uma cama disponível. Então, o homem subiu dois lances de escada, abriu a porta e acendeu as luzes – um abajur sem cúpula em cima de uma mesa. Viu um quarto com duas camas, uma desarrumada e a outra feita. Então, ele desconfiou que estava compartilhando aquele quarto com outra pessoa.

Era isso mesmo. Precisou do tipo de encorajamento que somente Deus pode dar.

— Ajoelhei-me e disse: "Olha, Senhor, eu estou com medo. Estou em um país desconhecido, numa cultura que não me é familiar. Não tenho idéia de quem está dormindo nesta cama. Por favor, mostre-me que o Senhor está comigo nesta história toda!" — Então, o homem continuou:

— Enquanto terminava minha oração, a porta se abriu e lá estava um africano de dois metros de altura, olhando para mim, dizendo, num perfeito inglês britânico: "o que você está fazendo em meu quarto?"

— Parei por um momento e depois murmurei: "eles me deram esta cama, mas ficarei aqui apenas uma noite".

— O que você está fazendo em meu país? — perguntou o africano.

— Bem, faço parte de uma pequena organização chamada Navigators.

— Ah, os Navigators! — disse o africano, abrindo um enorme sorriso, abraçando seu novo colega de quarto e dando altas gargalhadas.

— Ele me levantou do chão — contou o homem — e ficou dançando ao meu redor.

— Glória a Deus! Glória a Deus! — dizia o africano.

Aquele cristão africano e meu colega de viagem se sentaram à mesa e o africano lhe disse:

— Tenho orado por dois anos para que Deus me enviasse alguém dessa organização. — Ele tirou do bolso uma pequena caixa de promessas, aquelas caixinhas com versículos impressos em pequenos cartões, nos quais estava escrito, em letras pequenas "Os Navigators, Colorado Springs, Colorado".

— Você é de Colorado Springs? — perguntou o africano.

— Eu sou — disse o missionário —, mas estou me mudando para Uganda, a fim de começar um trabalho dos Navigators neste país.

A porta da verdadeira esperança se abrira na vida daquele meu amigo. Aquele homem africano se tornou membro da equipe do missionário, arrumou um lugar para ele viver, ajudou-o a reformar uma parte de sua casa, ensinou-lhe tudo sobre a cultura daquele país, ensinou-lhe o idioma local e foi seu melhor amigo durante os vários anos que estiveram ali, servindo a Cristo, "que abre, e ninguém fechará, e que fecha, e ninguém abrirá".

Portas são fechadas. Portas são abertas. Vidas são mudadas.

QUATRO DICAS QUE VÃO AJUDAR

Se você ainda está brigando com uma porta fechada, tenho quatro dicas para compartilhar com você. São orientações que têm me ajudado em meu processo particular de lidar com as portas que Cristo abriu e fechou.

1. *Uma vez que Deus é soberano, é ele quem está no controle.* Posso repetir aquela afirmação de Apocalipse 3? Ele é quem "abre, e ninguém fechará, e que fecha, e ninguém abrirá".
2. *Uma vez que é Deus quem está no controle, é ele quem assume total responsabilidade pelos resultados.* Não tente carregar esse fardo. O funcionamento do plano de Deus não depende de você: depende dele. Sua função é andar na vontade de Deus e nada mais. É função de Deus fazer com que sua vontade se realize.
3. *Uma boa oportunidade é fechada para que você possa ser conduzido para uma ainda melhor.* Pense na história que você acabou de ler. Uma boa porta aberta para aquela querida família nos Estados Unidos; uma porta ainda melhor aberta em Uganda.

   Já ouvi inúmeras histórias como essa em todos os meus anos de ministério. "Bati na porta fechada... cheguei ao fim da corda, dei um nó e me segurei... confiei no Senhor durante todo o processo e você não pode imaginar o que resultou do fato de não ter forçado as coisas para ir na direção que eu queria." Deus assumiu o controle e transformou o sofrimento em alegria.
4. *Não entenderemos a razão de uma porta ter se fechado até que passemos pela porta aberta.* Como resultado de nossa obediência a Deus, de fazermos sua vontade, de aceitar as portas fechadas e caminhar por aquelas que foram abertas, Deus vai hon-

rar você, oferecendo-lhe uma perspectiva que você jamais alcançaria de outro modo.

Deixe-me voltar para a história de Uganda. Depois de mais de doze anos, o trabalho dos Navigators já estava estabelecido, e a obra daquele homem também se completara. Outra pessoa dos Navigators assumiu o trabalho, e meu amigo e sua família voltaram aos Estados Unidos.

Menos de um ano após o retorno, a classe de seu filho fez uma viagem a Washington, DC, como passeio de formatura. Antes de o filho partir, o pai lhe disse:

— Filho, tome aqui 40 dólares para que compre uma lembrança dessa viagem à capital de nosso país.

Seu filho partiu para Washington, onde permaneceu por alguns dias. Ao retornar, trouxe um pacote consigo e então disse:

— Quero lhe fazer uma surpresa, pai.

O pai precisou esperar na sala até que o filho o chamasse a seu quarto. Quando meu amigo entrou no quarto do rapaz, viu uma enorme bandeira de Uganda pendurada atrás da cama.

— Foi isso o que comprei com o dinheiro que você me deu — disse o rapaz. — Aqueles anos em Uganda foram os melhores anos de minha vida, papai.

Pense na questão da perspectiva. O homem achava que, indo para Uganda, poderia magoar ou impedir o desenvolvimento de sua família quando, de fato, seu filho desenvolvera uma enorme paixão pela obra de Deus fora dos Estados Unidos. Essa é uma paixão que ele jamais teria desenvolvido se o homem não tivesse obedecido e entrado pela porta aberta.

Deus é cheio de surpresas, não?

Talvez você tenha chegado diante de uma porta fechada e tenha resistido, tenha tentado empurrá-la, tenha lutado contra ela. Procurou alguém em quem pôr a culpa. Determinou que isso era o que você deveria estar fazendo e foi difícil para você aceitar o fato de que a porta estava realmente fechada.

Aceite isso, desista de lutar, deixe para lá, meu amigo... deixe para lá.

Você chegou a sua própria Bitínia ou Frígia, Galácia ou Mísia e, para sua surpresa, a porta estava fechada. Peça a Deus que o encontre em sua Trôade pessoal, enquanto olha para as inúmeras possibilidades ao seu redor. Peça que ele lhe dê paz e uma nova direção. Esteja aberto, desejoso... e esteja pronto para uma surpresa!

É fácil perder a coragem e desiludir-se, pensando que se desviou da vontade de Deus quando, de fato, estamos exatamente no meio dela. É duro ver sonhos desfeitos, esperanças perdidas, encarar o futuro desconhecido e não familiar e, mesmo quando a verdade é conhecida, perceber que a situação não é a desejada. Mas Deus tem uma maneira de nos guiar pelas veredas da justiça por amor do seu nome.

Não é hora de parar de tentar descobrir tudo? Deixe para lá, meu amigo... deixe para lá. Fazendo isso, você vai trocar um monte de tensões e preocupações por tranqüilidade e descanso. Se você quer saber, é uma troca muito interessante. Você pode perguntar a mim ou a meu amigo que cruzou aquela porta aberta para Uganda.

Depois de penetrar em tantos segredos, deixamos de crer no desconhecido. Todavia, ele continua ali, calmamente, com água na boca.

H.L. Mencken, *Minority Report*

A única coisa que importa é a vontade de Deus, não minhas vontades e desejos pessoais. Quando jogava tênis, nunca orei por uma vitória em um jogo. Não orarei agora para ser curado.

Arthur Ashe, ex-tenista profissional

12

Um jeito melhor de olhar para a vontade de Deus

Como tenho dito desde o início de nossa jornada, Deus normalmente realiza sua vontade por caminhos inesperados, cheios de curvas e de surpreendentes mudanças de rumo. Mas deixe-me asseverar-lhe que, embora nenhum de nós possa adivinhar o futuro, Deus está pronto a fazer grandes coisas. Se pudéssemos descobrir pelo menos uma parte disso, seria fantástico, não?

Bem, não fique muito animado. Você nunca conseguirá descobrir. Como repetimos diversas vezes, as decisões de Deus são insondáveis e seus caminhos, inescrutáveis, o que nos leva de volta ao ponto onde começamos: o mistério da vontade de Deus.

Estive recentemente em Israel onde visitei o lado sul do templo de Jerusalém com nosso grupo turístico do programa *Insight for Living*. Enquanto estávamos sentados em um dos degraus, Steve Green cantou "Andei por Onde Cristo Andou". Um pensamento passou por minha mente: *não estou apenas andando por onde ele andou, mas estou andando com ele. O que posso dizer é que estou no centro da vontade de Deus para minha vida. Estar bem no meio do lugar onde ele me colocou, exatamente aqui, nos muros da antiga Sião, alegra-me muito.* (Quem não se sentiria assim, sentado naquele lugar, ouvindo a linda voz de Steve?)

Contudo, ao contrário daquela viagem, na qual sabíamos exatamente nossos próximos passos, quais eram nossos quartos de hotel e onde comeríamos, não tenho a menor idéia sobre meu destino nesta jornada que estou fazendo com Deus. Não tenho uma pista sequer.

A mesma coisa acontece a você, como filho de Deus que é. Não há meio de saber o que vai lhe acontecer, nem mesmo no próximo minuto. Você não sabe quais vidas está influenciando. Não sabe aonde o amanhã o levará. Não sabe o dia de sua morte nem de que maneira o Senhor planeja levá-lo ao lar. Tudo isso faz parte de seu plano profundo, de sua misteriosa vontade. Apenas ele conhece os detalhes. Quanto mais envelheço, mas aprecio isso.

No momento estou envolvido com a plantação de uma igreja ao norte da cidade de Dallas, numa comunidade rural chamada Frisco... uma cidade que surgiu do nada. Se alguém me dissesse, alguns anos atrás, que eu estaria envolvido com uma igreja em Frisco, Texas, minha resposta seria "onde fica isso?". Mas aqui estou, no meio de mais uma das surpresas de Deus! Dois anos atrás eu rebateria totalmente a idéia de ter a sede do programa *Insight for Living* em Dallas. Não. Ainda não. Talvez no ano que vem. Talvez nunca. Quem sabe?

Tenho dois objetivos permanentes em minha vida. O primeiro e mais importante é *o desejo de aprender a pensar biblicamente*. Quero ver a vida através das lentes dos olhos de Deus pelo resto de meus dias. Não quero discutir nem brigar com ele; não preciso sequer entendê-lo, mas preciso desesperadamente obedecer-lhe. É assim que quero ver a vida, quer esteja em dificuldade, quer em alegria, quer na perda, quer no ganho, mas sempre pela perspectiva de Deus.

Quero ser capaz de abrir as Escrituras e encontrar ajuda e direção. E quando não conseguir achar respostas, quero confiar e esperar por Deus, mesmo se não entender as razões ocultas nos acontecimentos. Quero ter paz interior durante todo o processo... alegria verdadeira, igual à que senti quando estava sentado nos degraus do antigo templo de Jerusalém.

Meu segundo objetivo consiste em *encorajar outras pessoas a fazerem o mesmo*. Quero ajudá-las a saber como pôr em prática o que estou aprendendo. É por isso que escrevi este livro.

Estou convencido de que tudo dentro de nós se opõe a esse modo de pensar e de viver. Desde o tempo em que éramos crianças de colo, somos egoístas. Nosso mundo gira em torno do que queremos e de quando queremos. Então, queremos ainda mais. Quando alcançamos, queremos conservá-lo para nós. Mas aquilo não satisfaz e, assim, começamos a procurar outras coisas. Algo mais... sempre mais. A menos que algum fato drástico entre em cena para mudar essa perspectiva egocêntrica, passamos a vida concentrados em nós mesmos, em vez de em Deus.

O resultado de tudo isso é que enxergamos Deus pelos olhos humanos. Achamos mesmo que ele é bem parecido conosco, exceto pelo fato de ser mais velho e mais forte. Pensamos que sua vontade é bem semelhante à nossa, a não ser pelo fato de ele ser mais esperto e enxergar um pouco mais longe. Projetamos nosso estilo de vida humano no caráter de Deus, de modo que, ao lançar-nos em uma curva do caminho, o consideramos injusto e não confiável. Ou, pior ainda, nossa fé se esvai quando coisas ruins acontecem a pessoas que admiramos. Ou a crianças pequenas. Ou a países inteiros.

Se, por exemplo, eu fosse Deus – o que consiste por si só num pensamento assustador –, nunca teria permitido que Dietrich Bonhoeffer morresse aos 39 anos em um campo de concentração. Teria ajudado alguém a se livrar de Hitler, o que proveria uns 50 ou 60 anos de sobrevida a Bonhoeffer para que ele pudesse viver e servir de modelo, assim como escrever mais sobre a grande vida de fé.

Se eu fosse Deus, não teria permitido que Jim Elliot e aqueles outros cinco jovens maravilhosos tivessem sido assassinados pelos índios aucas em meados da década de 50. Nunca. Teria usado suas vidas de um modo que considerasse digno de permanecer na terra por muitos e muitos anos.

Se eu fosse Deus, nunca teria permitido que Corrie ten Boom e sua família tivessem passado pelo que passaram. Nunca. Porque não é justo tratar pessoas tão piedosas daquela maneira. Posso imaginar algumas pessoas que eu gostaria que passassem por aquelas agruras, mas não Corrie ten Boom nem Dietrich Bonhoeffer. Teriam sido pessoas que mereciam, pois esse é o jeito humano de agir... e, portanto, é o jeito como eu penso.

Se eu fosse Deus, não teria permitido que a mãe de Charles Swindoll morresse aos 63 anos e nem que seu pai morresse lenta e dolorosamente nove anos mais tarde. Não teria feito assim. Minha mãe era 15 anos mais nova que meu pai. Ela deveria ter vivido pelo menos quinze anos mais que ele. Quero dizer, isso faz sentido, tem lógica, não é? Certamente que sim, sob nossa perspectiva.

E se eu fosse Deus, não teria permitido que você passasse pelos sofrimentos que enfrentou nos últimos doze meses. Você merece coisa melhor que isso. Bem, pelo menos a maioria de nós.

Tudo isso pode ser um pensamento razoável, lógico, horizontal... mas não é um pensamento bíblico. Isso é vestir Deus com roupas terrenas e dar a ele emoções puramente humanas. É chamar de justo aquilo que eu considero justo, de certo o que eu acho que é certo e de errado aquilo que eu penso estar errado.

Vamos colocar um pouco de areia nisso tudo: Deus não pode ser colocado num arcabouço humano. Isso nos leva ao primeiro ponto que, mais uma vez, é a razão de eu ter escrito este livro. Há um mistério, uma aura sobre o Deus vivo que existe exatamente para nos forçar a crer nele, mesmo quando não conseguimos imaginar como ele é (o que acontece a maior parte do tempo). Por quê? Porque, como aprendemos nos capítulos anteriores, ele é inexplicável, é inescrutável, é infinito.

O mistério é profundo porque seu plano como um todo também é profundo. E não nos esqueçamos de que seu plano não foi feito para nos dar conforto: ele foi feito para que sejamos cada vez mais semelhantes a Cristo, para nos conformarmos a sua vontade. Não foi concebido para apresentar coerência de acordo com a lógica humana. A verdade é que, com uma freqüência espantosa, *a vontade de Deus é claramente ilógica*. E tenho dito.

Nesta vida, podemos concentrar nossa atenção em vários pontos. Podemos concentrar-nos em nós mesmos, em nossas situações, nas outras pessoas ou podemos nos concentrar em Deus. Ao pensar biblicamente (que é outra maneira de dizer *teologicamente*), seu foco está em Deus. Apesar do que você quer, das situações que você está enfrentando (aliás, o que é que você está fazendo lá?), daquilo que os outros dizem, de como você se sente, Deus e somente Deus realiza o grande plano divino. No final das contas, tudo será fabuloso!

Mas espere um pouco. No decorrer deste mistério inescrutável, não devemos transformar Deus num tipo irritante de deidade cruel e injusta. Como já disse, ele tem um propósito divino em mente. Mas isso não quer dizer que ele simplesmente joga as pessoas ao sabor dos ventos do destino e fica olhando de braços cruzados, pensando: *Ah, agora vamos ver se eles conseguem sair dessa.* Deus não é assim. Como já aprendemos, ele é cheio de doces misericórdias, fiel até o fim, transbordante de compaixão.

Conforme discutimos no início do livro, quando conversamos sobre Jó e Jeremias, vimos que, mesmo antes da fundação do mundo, Deus elaborou o plano que incluiria missionários martirizados, famílias como as de Corrie ten Boom, Dietrich Bonhoeffer e milhões de outros nomes que eu poderia citar aqui, cujas vidas (e mortes!) não fariam sentido sob a perspectiva humana.

Se tudo isso já é de difícil compreensão para nós, quanto mais enfrentar situações desse tipo. Tal conhecimento está além de nosso jeito humano de raciocinar. Nunca conhecemos ninguém antes de nascer. Não podemos. Somos finitos. Fazemos bem ao aprendermos um pouco com a história, ao olhar para trás sem distorções.

Cuidamos de nós mesmos. Queremos ser o número 1. Estamos sempre muito preocupados com nossa aparência e com aquilo que as pessoas pensam e dizem sobre nós. Se uma camisa ou um vestido está sem um botão, fazemos de tudo para consertar essa terrível falha. Por quê? Porque, lá no fundo, não pensamos teologicamente. Pensamos humanamente. Não estamos tão preocupados com o que as Escrituras nos ensinam, mas sim com o que as pessoas pensam e acham de nós.

Se eu e você realmente crêssemos nas promessas de Deus, não nos teríamos preocupado daquela maneira na semana passada. Não teríamos tentado carregar aquele enorme fardo sobre os ombros, e que está além de nossa capacidade. Não teríamos racionalizado nem tentado encontrar desculpas para nossos descaminhos. Em vez disso, teríamos dito toda a verdade e deixado os fatos acontecerem como deveriam. Como é difícil ser total e completamente autêntico!

Enquanto isso, porém, Deus está realizando sua vontade em nós. Ele nos está moldando segundo a imagem de Cristo, o que significa desenvolver em nós a disciplina, a perseverança, a fidelidade, a pureza, a atitude e a completa filosofia de vida de seu Filho. O objetivo de Deus é tornar-nos como seu Filho amado. E isso é tarefa para a vida inteira... nossa vida.

O QUE FAZER COM O INEXPLICÁVEL?

É um modo completamente novo de olhar para a vontade de Deus. O que isso quer dizer? Sabe o que eu sugiro que você faça? Passe menos tempo analisando Deus e mais tempo obedecendo-lhe. Você pergunta: "Quais são os desdobramentos práticos disso tudo?" Significa o seguinte: quando você segue a vontade de Deus e se vê numa situação que não pode explicar, *nem mesmo tente achar uma justificativa*. Se o fizer, vai usar a sabedoria humana e apenas piorar as coisas. Trate a questão como deve ser tratada. Essa é mais uma das surpresas misteriosas de Deus. Comece a praticar usando palavras como "eu não sei", "não compreendo", "isso está além de meu entendimento", "não faz sentido... mas tudo bem. Deus é quem sabe".

Alguns jovens pais recebem um diagnóstico de um tumor no cérebro. Por quê? Eu não sei. Não sou capaz de explicar a razão. Se eu conhecer a pessoa, meu desejo será confortá-la e a sua família. Quero abraçá-los e cientificá-los de minhas orações, amor e confiança de que nada disso é um erro de Deus. Mas essa é a única resposta que tenho. São os limites de minha compreensão. Então, aguardo junto com eles.

Eu e você poderíamos relatar coisas e fatos específicos que presenciamos nos últimos anos que não fazem nenhum sentido... mas tudo bem. Não podemos imaginá-los. Mas deixe-me assegurar-lhe que Deus está operando seu misterioso plano (misterioso para nós), o qual desafia a lógica humana. *Portanto, pare de tentar fazer que ele seja humanamente lógico.* Confie em Deus. Quando o fazemos, damos início ao processo vital de pensar biblicamente... pensar teologicamente.

Você já imaginou que vida pacífica você poderia ter se decidisse viver assim? Já imaginou como poderia estar descontraído, livre de estresse? Sou franco em dizer que uma coisa que me ajuda muito é pensar assim: Deus é aquele que é inescrutável. Ele é insondável. Eu não sou nenhuma das duas coisas.

Se é assim, como podemos compreender seus caminhos? Encare a realidade: não podemos. É exatamente isso o que Salomão escreveu há milhares de anos:

> Os passos do homem são dirigidos pelo SENHOR; como, pois, poderá o homem entender o seu caminho?
>
> Provérbios 20:24

Que plano grandioso. Que arrogância a nossa achar que poderíamos entender os caminhos do Todo-Poderoso!

Em um de seus muitos momentos de luta contra os mistérios da vontade de Deus, Jó disse o seguinte:

> Se opera à esquerda, não o vejo; esconde-se à direita, e não o diviso.
>
> Jó 23:9

"Senhor, estou perdido" é o que disse Jó. Você já se sentiu assim? Eu já... e há pouco tempo.

Cynthia e eu estávamos lutando com uma situação por um tempo bastante longo. Finalmente confessei-lhe:

— Sinto como se os céus fossem de aço. É como se não conseguíssemos atravessar as nuvens.

Pouco tempo depois, ela me disse:

— Minha sensação é de que estamos apenas murmurando palavras juntos em nosso quarto.

Orávamos, esperávamos, confiávamos e orávamos um pouco mais. Nada acontecia. Ainda estamos esperando. Ainda não entendemos.

Você já se sentiu assim? Jó sentia-se desse modo. "Não consigo encontrar Deus", admitiu ele. "Procuro por ele e não o encontro ao meu redor. Se ele simplesmente aparecesse, eu poderia repensar meus caminhos a partir disso. Seria tão bom." Isso me faz pensar que a fé de Jó estava ficando mais fraca. Mas, então, ele diz:

> Mas ele sabe o meu caminho; se ele me provasse, sairia eu como o ouro.
>
> Jó 23:10

Grande pensamento! A maravilhosa vontade de Deus não tem nenhuma relação com geografia (aonde devo ir?). Não tem nada a ver com ocupação (onde devo trabalhar?), nem com o tipo exato de carro que devo dirigir (qual é sua cor preferida?). A maravilhosa e abrangente vontade de Deus não se baseia em pequenos detalhes da vida diária com os quais nos preocupamos. A vontade de Deus está básica e totalmente concentrada em nossa semelhança com Cristo. E, nesse sentido, a vontade de Deus é um teste. Quando ele nos prova e nós reagimos em obediência (mesmo que não entendamos o porquê), saímos como ouro.

"Mas eu ainda não entendi", diz você. "Não entendo por que ele está fazendo estas coisas." Quer saber? Isso é perfeitamente normal para Deus. Portanto não há problemas em admitir isso. Tudo faz parte da produção do ouro.

Isso permite que a jornada seja mais fácil? Não. Torna as coisas simples? Também não. Imprime lógica aos fatos? Você já sabe qual é a resposta. Então, o conhecimento desses fatos nos leva aonde? Permite que tudo seja suportável, em especial quando temos em mente que Deus não comete erros.

PENSANDO TEOLOGICAMENTE

Estamos presos à terra e não gostamos de coisas instáveis. Não gostamos nem mesmo de princípios incertos. Nem de histórias indefinidas. Você não odeia ver os créditos do filme começarem a aparecer na tela do cinema quando você diz: "Ei, espere aí. Que negócio é esse de 'The End'? Quero saber quem ganhou. Quem ficou com a mocinha? O que aconteceu?" Detesto esses filmes que acabam de repente.

Bem, uma série de coisas na vida "acaba de repente". Os créditos começam a aparecer antes de você ter compreendido todos os detalhes. Você termina o romance que achava que o levaria ao matrimônio. Ele apenas acabou. Ele ou ela simplesmente foram embora. Você perde um casamento que pensava ter sido planejado por Deus para toda a vida. Nossa vida está repleta de histórias como esta: "uma charada misteriosa dentro de um enigma", para usar uma frase cunhada por sir Winston Churchill.

Nós não sabemos. E está tudo bem. Veja, é a parte do "tudo bem" que exige pensamento teológico. Também é de onde vem a paz, pois podemos relaxar ao deixarmos as coisas com Deus.

Isso é outra maneira de dizer que deixamos tudo com Romanos 8. Quando os acontecimentos são incertos, quando você não consegue entender o fim e os créditos começam a aparecer, quando as coisas não saem do jeito que você esperava, é hora de ir a Romanos 8. Isso sempre funciona. Não sei o que teria feito na maior parte de minha vida se não tivesse Romanos 8 como meu estabilizador.

Quando pensamos teologicamente, encontramos conforto em quatro fatos.

1. *Esperamos e perseveramos.* "Mas, se esperamos o que não vemos, com paciência o aguardamos" (Rm 8:25). Deixe essa verdade penetrar em você. Leia o versículo mais uma vez. Quando não virmos aquilo que esperávamos ver, pensemos teologicamente! Não corra. Não entre em pânico. Não duvide do amor de Deus. Não lute. Espere e persevere.

Quando você recebe o resultado de um exame médico, você espera e persevera. Você pode sentir um frio na barriga, sua cabeça pode girar quando chega o diagnóstico negativo, mas você ainda espera. Você persevera. Mentalmente você se conecta com seu Senhor e expressa seu desejo de confiar nele por completo.

Isso exige fé. "Senhor Deus, eu não sei como explicar. Não sei por que isso aconteceu... por que agora, por que eu, por que isso? Mas eu espero no Senhor. Estou determinado, por sua graça e por sua força, a perseverar durante este período. Como o Senhor não comete erros, não precisa me explicar nada. Confio no Senhor agora mesmo." Arriscamo-nos a confiar em Deus, sem saber qual será o desfecho. Ele é de confiança e, portanto, o "risco" é mínimo!

2. *Encaramos o teste de frente, mas de joelhos.*

> Também o Espírito, semelhantemente, nos assiste em nossa fraqueza; porque não sabemos orar como convém, mas o mesmo Espírito intercede por nós sobremaneira, com gemidos inexprimíveis. E aquele que sonda os corações sabe qual é a mente do Espírito, porque segundo a vontade de Deus é que ele intercede pelos santos.
>
> Romanos 8:26-27

Você já passou por isso, não? "Simplesmente não sei como orar sobre esta questão." É claro... eu e você já estivemos nessa situação centenas de vezes. O que acontece? Ele nos diz que o "Espírito intercede por nós sobremaneira, com gemidos inexprimíveis" (já falamos sobre esse versículo antes, mas vale a pena dar outra olhada).

Ah, como gememos em momentos como esses. Nossa alma está tão atribulada que não temos palavras para expressar nossa angústia. Caímos de joelho e, ciente de nossa incapacidade de dizer o que estamos sentindo, o Espírito Santo interpreta nossos lamentos e tropeços verbais ao interceder por nós. O Espírito intercede enquanto murmuramos, ajoelhados. "Não sei por que perdi meu emprego justo agora." "Não sei por que fui deixado aqui para cuidar desses quatro filhos sem a ajuda de minha companheira." "Não sei por que, Senhor, mas a única coisa que consigo fazer é gemer diante de ti." E o Espírito intercede por nós, "segundo a vontade de Deus".

Esperar e perseverar exige fé. Fé confiante. Encarar a prova de frente, mas com os joelhos em terra, exige humildade. Humildade submissa.

A humildade diz: "Estou disposto a me render". "Estou disposto a entregar meu filho. Vou chorar enquanto minha dor durar. Estou fazendo tudo o que posso para conseguir a ajuda médica necessária. Mas entrego tudo a ti, Pai querido. E, se a morte vier, Senhor, eu aceito como parte de teu plano."

Gente, isso é coisa séria. Preciso ser repetitivo e dizer outra vez que entregar tudo funciona contrariamente a nossa natureza humana. Tudo o que existe em nós pede para que agarremos e seguremos qualquer coisa. Lembra-se? Mas aqui nós humildemente entregamos enquanto encaramos a prova de frente... ajoelhados em submissão.

3. *Descansamos em nosso soberano Deus e em seu plano.*

> Sabemos que todas as coisas cooperam para o bem daqueles que amam a Deus, daqueles que são chamados segundo o seu propósito.
>
> Romanos 8:28

Às vezes digo alto e bom som para mim mesmo: "Isto é para meu bem e para a glória de Deus, embora eu não consiga nem começar a explicar".

Várias semanas atrás nosso neto mais novo, Jonathan, ficou bastante doente. Enquanto eu e Cynthia voltávamos do hospital para casa, fiquei pensando naquele pequeno e precioso corpo deitado na cama do hospital... e disse calmamente para Cynthia:

— Acho que vamos perdê-lo.

Aquelas palavras quase ficaram entaladas em minha garganta... elas saíram de minha boca com extrema dificuldade. Então, a próxima coisa que disse foi:

— Senhor, eu descanso em ti. Tu sabes o que é melhor. Tu sabes as razões de tudo isso. Tu sabes quanto amamos aquela criança. Mas ela é tua. Era tua antes mesmo de ser nossa ou de seus pais.

Cynthia e eu chorávamos enquanto nos dirigíamos silenciosamente para casa. Mantive Romanos 8:28 na mente pelas horas que se seguiram.

Descansamos em nosso Deus soberano. Sabemos que Deus faz todas as coisas cooperarem "para o bem" daqueles que o amam. Nosso pequeno Jonathan está incluído nesta lista. E deixe-me dizer que sua situação também está.

Nesse caso específico, Deus graciosamente escolheu trazer a cura. Enquanto brincava com Jonathan ontem à tarde, eu dava graças a Deus continuamente. Sua doce *chesed* ministrara a Cynthia e a mim em nossa tristeza e dor.

Estou aprendendo que, se pensar teologicamente, você não cercará "todas as coisas". Você as deixará ser exatamente isso: "todas as coisas". Sua perda, seu ganho. Sua prosperidade, seu prejuízo. O acidente, a queda, a perda, a doença, o desapontamento. E, sim, o alívio, o sucesso, a cura, a promoção. "Todas as coisas cooperam para o bem..." independentemente de quais sejam essas coisas. Assim, descansamos em nosso Deus soberano. Descansamos em seu plano, naquilo que ele considera melhor para nós.

4. *Lembramos que estamos sendo moldados conforme a imagem de Cristo.*

> Porquanto aos que de antemão conheceu, também os predestinou para serem conformes à imagem de seu Filho, a fim de que ele seja o primogênito entre muitos irmãos.
>
> Romanos 8:29

Esperar e perseverar exige fé. *Fé confiante.* Enfrentar a prova de frente mas de joelhos em terra exige humildade. *Humildade submissa.* Descansar em nosso Deus soberano e em seu plano exige flexibilidade. *Flexibilidade irrestrita.* E ser moldado conforme a imagem de Cristo exige sensibilidade. *Sensibilidade prestativa.*

"Senhor, o importante é teu plano, não o meu desejo. Não fui eu que me coloquei sozinho neste mundo e também não posso me levar sozinho ao céu. Além disso, realmente não sei o que é melhor para mim ou para aqueles a quem amo. Este é teu chamado, Senhor. Torna-me sensível à realidade de que o Senhor é quem está no controle e o Senhor está usando isso – até isso – para me moldar de acordo com a imagem de teu Filho. Quero isso mais do que tudo."

Vamos aprender juntos a pensar biblicamente – teologicamente.

Tive um grande amigo, que já está na glória, a quem eu amava muito e com quem gostava de conversar. Ele foi colega de classe no Seminário de Dallas. Depois de concluir o seminário, ele, sua esposa e seu primogênito se mudaram para o sul da Califórnia, onde meu colega conseguiu terminar o doutorado. Enquanto estiveram ali, tiveram mais dois filhos, duas lindas meninas. Então, num dia sombrio, seu menino entrou no quintal do vizinho, caiu na piscina e morreu afogado. Eles perderam seu filho querido naquela tarde trágica.

Meu amigo fora atingido pela dor. Naquela noite, aquele homem de Deus entrou em seu carro e dirigiu por horas a fio nas autoestradas de Los Angeles, clamando a Deus pela perda de seu filho.

— As coisas que disse a Deus naquela noite — contou-me ele mais tarde — eu jamais repetiria a qualquer pessoa na face da terra.

Horas depois, ele finalmente entrou na estrada que o levaria de volta para casa, banhado em suor e lágrimas, e desligou o carro. Reclinou a cabeça no volante e parou de soluçar.

— Percebi, naquele momento — disse ele —, que Deus poderia cuidar daquela situação. Ele poderia me ouvir e entender de onde vinha tudo aquilo que estava dentro de mim. Finalmente cheguei a um acordo com minha perda... e me aproximei de Deus de um modo como nunca fizera antes.

Por fim, ele encontrou paz forçando sua mente a aceitar o que havia acontecido. Reconheceu que mesmo a morte de seu filho pequeno estava no meio de "*todas as coisas*" de Romanos 8:28.

Isso é que é pensar teologicamente.

Se você aconselha pessoas, faça-o teologicamente. Se você adverte, advirta teologicamente. Se está passando por uma provação, passe por ela teologicamente. Treine sua mente para reconhecer a mão de Deus em *qualquer coisa* que você esteja enfrentando.

Basta de racionalização humana. Chega de pensamento horizontal. Vamos parar com isso e começar a praticar palavras como "eu não sei", "vou confiar", "não posso explicar", "entrego tudo", pois a estrela do espetáculo é Deus. Ele é o princípio. Ele será o fim. E, entre as duas coisas, por sua graça, ele permite que façamos parte de seu plano perfeito... para sua glória e para nosso bem.

No meio tempo, esteja preparado para um mistério.

Aqui, estamos vendo tudo através de um vidro escuro, mas lá veremos face a face. Lá, os mistérios serão desvendados, os enigmas esclarecidos, textos obscuros serão aclarados, providências extremas parecerão normais. A alma mais simples do céu saberá muito mais de Deus do que qualquer santo da terra... Nossos mais brilhantes teólogos não saberão mais do que qualquer ovelha do rebanho da glória. Nem mesmo as mais brilhantes mentes da terra são capazes de entender a milionésima parte dos desígnios descobertos pelas almas que se emanciparam do barro.

Charles Haddon Spurgeon, *Spurgeon's Gems*

CONCLUSÃO

Você pode dizer que estou maravilhado com os mistérios. É que eles contêm muito da vida.

Alguns são profundamente sérios. Outros são leves e engraçados.

Vem à minha mente o mistério da máquina de lavar roupa. Toda família já o enfrentou. Você coloca oito pares perfeitos de meias na mesma lavagem e, quando retira a roupa, só consegue montar seis pares, ficando com outras meias que não combinam entre si de jeito algum. Você não apenas não se recorda de ter colocado aquelas meias na máquina... as outras, que você tem certeza de que colocou lá dentro, nunca aparecem.

Aí, passo para o mistério das faixas de rolamento nas avenidas. Aquela na qual você está invariavelmente é a mais lenta. Mude de faixa e, de imediato, a sua começa a se arrastar. Vai entender...

É claro que não podemos deixar de lado o mistério do pão com manteiga. Se quiser uma variação, pode ser o pão com geléia. No caso de você derrubá-lo durante o processo, o que acontece? Ele cai com o lado da manteiga – ou da geléia – para baixo. Por quê? (Já disseram que a razão para ele cair com a manteiga para baixo ou para cima está diretamente relacionada ao custo do carpete).

E o que dizer do mistério do carro com problema? Você passa três semanas brigando com o motor do carro que não pega de manhã. Então, naquele dia que você levanta mais cedo para levá-lo ao mecânico, o motor funciona de primeira, ronronando tranqüilamente como um gato. O mecânico levanta o capô e não encontra um problema sequer. O rapaz olha para você com aquela cara e pensa que quem está precisando de um conserto é *você*. Você sai da oficina completamente confuso e, no meio daquela avenida movimentada, o carro pára de repente. Mistério...

Indo para um lado um pouco mais sério, encontramos o mistério do mar, em especial o da maré e seu casamento com a lua. Ou então os movimentos absolutamente precisos das estrelas e a incompreensível enormidade do espaço exterior. No outro extremo, uma olhada casual no microscópio nos revela um mundo invisível explodindo de vida.

Falando em coisas pequenas, você sabia que se um elétron pudesse ser aumentado para ficar do tamanho de uma maçã e, juntamente com ele, um ser humano fosse aumentado na mesma proporção, o ser humano poderia segurar todo o sistema solar simplesmente na palma de sua mão... e precisaria de uma lente de aumento para vê-lo?

Se você acha que todas essas coisas são maravilhosas, junte-se a mim para tentarmos descobrir o que Deus está planejando. Passamos 12 capítulos juntos tentando desvendar isso. Deus dá, Deus tira. Ele começa, ele acaba. Ele satisfaz nossos desejos. Ele repentinamente diz não. Ele surpreende, ele desaponta. Parece distante, sem se importar conosco. Ele nos cerca com sua confortante presença.

Ele nos dá um sonho, cheio de entusiasmo e esperança. Ele nos impede a um passo do cumprimento do sonho, sem uma palavra de explicação. Nós perdemos.

Por outro lado, ficamos diante de uma situação desesperada, totalmente além de nossa habilidade de lidar com ela... então, ele remove um obstáculo atrás do outro, a maioria dos quais não podemos explicar e, como resultado, desfrutamos de enorme sucesso. Nós ganhamos.

Isso atende pelo nome de o inescrutável plano de Deus. Sugiro que é hora de pararmos de tentar descobrir qual é seu plano. Encare a realidade. Isso está além de nós. Então? Lide com isso. Este é meu conselho, direto e objetivo.

Depois de estar andando com ele por mais de 50 anos, eu finalmente tive coragem de dizer em público, alto e bom som: a vontade de Deus – de nosso ponto de vista finito e humano – é um mistério. É isso mesmo, um M-I-S-T-É-R-I-O.

Lembre-se disso duas ou três vezes ao dia. Antes que você tenha consciência desse fato, estará crendo e vivendo essa verdade. Você não pode imaginar como vai se sentir aliviado e relaxado quando isso acontecer, cheio de esperança e coragem... para o restante de sua vida.

NOTAS

Capítulo 1 – Um processo e um quebra-cabeça

1 ELLIOT, Elisabeth. *Keep a Quiet Heart.* Ann Arbor, Mich.: Vine Books, 1995, citado em *Christianity Today,* 14 de junho de 1999, p. 84.

2 ORÍGENES. *On First Principles.* Nova York, N.Y.: Harper & Row, Publishers, 1966, s.p.

Capítulo 2 – Deus ordena... Deus permite

1 HOWARD, Grant. *Knowing God's Will – and Doing It.* Grand Rapids, Mich.: Zondervan Publishing House, 1976, p. 14.

2 Ibid., pp. 14,15.

3 FRIESEN, Garry e MAXSON, J. Robin. *Decision Making and the Will of God: A Biblical Alternative to the Traditional View.* Portland, Ore.: Multnomah Press, 1980, p. 244.

4 STOTT, John R. W. *O Perfil do Pregador.* São Paulo: Sepal, 4ª ed., 2000.

Capítulo 3 – Da teoria à prática

1 "Com tua mão segura bem a minha". *Hinário para o Culto Cristão,* número 377.

2 BLACKABY, Henry T. e KING, Claude V. *Conhecendo Deus e Fazendo sua Vontade.* Rio de Janeiro: Juerp, 1995.

3 Ibid.
4 Ibid.
5 Ibid.

Capítulo 4 – Descobrindo a vontade de Deus

1 Fragmentos de TOZER, A.W. *Mais Perto de Deus.* São Paulo: Mundo Cristão, 1980.
2 BLACKABY, Henry T. e KING, Claude V. *Conhecendo Deus e Fazendo sua Vontade.* Rio de Janeiro: Juerp. 1995.
3 Nota de rodapé de Gênesis 4:3-4 da NIV *Study Bible.* Grand Rapids, Mich.: Zondervan Publishing House, 1985, p. 11.
4 GARVER, Stuart P. *Our Christian Heritage.* Hackensack, N.J.: Christ's Mission, 1973, p. 59.
5 SCHAFF, Philip. *History of the Christian Church.* Grand Rapids, Mich.: William B. Eerdmans Publishing Co., 1910, p. 325.
6 Conforme citado em FOSDICK, Harry Emerson. *Great Voices of the Reformation.* Nova York, N.Y.: Random House, 1952, p. 8.
7 Conforme citado em WIERSBE, Warren W. e WIERSBE, David. *Making Sense of the Ministry.* Grand Rapids, Mich.: Baker Book House, 1983, p. 36.
8 WIERSBE, Warren. *Walking with the Giants.* Grand Rapids, Mich.: Baker Book House, 1976, p. 61.
9 Conforme citado em WIERSBE, Warren. *Walking with the Giants,* p. 61.

Capítulo 5 – Outro mistério profundo: a soberania de Deus

1 Conforme citado em TOZER, A.W. *Mais Perto de Deus.* São Paulo: Mundo Cristão, 1980.
2 TOZER, A.W. Usado com permissão.
3 Ibid. Usado com permissão.
4 OXENHAM, John. *Bees in Amber.* Nova York, N.Y.: American Tract Society, 1913, s.p.

Capítulo 6 – Lendo os misteriosos lábios de Deus

1 "Deus sábio, invisível, perfeito, imortal". *Hinário para o Culto Cristão,* número 13.

2 PETERSON, Eugene. *Run with the Horses.* Copyright © 1983 InterVarsity Christian Fellowship of the USA. Usado com permissão da InterVarsity Press, Downers Grove, IL, e HarperCollins Publishers Ltd.
3 Salmo 40:1, *Nova Tradução na Linguagem de Hoje.* São Paulo: Sociedade Bíblica do Brasil, 2000.
4 PETERSON, Eugene. *Run with the Horses.* Usado com permissão.

Capítulo 7 – A magnífica *chesed* de Deus

1 Conforme citado em BARCLAY, William. *The Letters to Timothy, Titus and Philemon.* Edimburgo, Escócia: The Saint Andrew Press, 1956, 1960, p. 53.
2 BARCLAY, William. *The Letters to Timothy, Titus and Philemon,* pp. 53, 54.
3 "Brilho celeste". *Hinário para o Culto Cristão,* número 446.
4 SCHAEFFER, Francis. *No Little People.* Downers Grove, Ill.: InterVarsity Press, 1974, p. 112.

Capítulo 8 – A misteriosa imutabilidade de Deus

1 MEYER, F. B. *Christ in Isaiah.* Fort Washington, Penn.: Christian Literature Crusade; Londres: Morgan and Scott, s.d., pp. 9,10.
2 REDDING, David A. *Jesus me Faz Sorrir.* Duque de Caxias, RJ: Associação Fluminense de Educação, Centro de Editoração e Jornalismo, 1981.

Capítulo 9 – A vontade de Deus pode nos santificar?

1 WHITE, John *in* WILKINSON, Bruce H. *Vitória sobre a Tentação.* São Paulo: Mundo Cristão, 1999, pp. 21, 22.

Capítulo 10 – Surpreendido por Deus

1 TOZER, A. W. *A Raiz dos Justos.* São Paulo: Mundo Cristão, 1983.

[illegible]

2 [illegible]

[illegible]

Caro leitor

Desejamos que este livro tenha correspondido a suas expectativas.
Para continuar a atendê-lo sempre melhor, compartilhe suas impressões de leitura desta obra escrevendo para:
opiniao-do-leitor@mundocristao.com.br

Cadastre-se para receber nossos informativos no *site*:
www.mundocristao.com.br

Acesse nosso *blog*:
www.mundocristao.com.br/blog

Editora Mundo Cristão
Rua Antonio Carlos Tacconi, 79
04810-020 — São Paulo, SP

Impressão e Acabamento
na Gráfica Imprensa da Fé